最短で最高の結果が出る逆算式勉強法

Haruka Koshimizu

弁護士
越水 遥
越水法律事務所代表

フォレスト出版

はじめに――合格したいなら、過去問から始めなさい

本書を手に取っていただき、ありがとうございます。越水遥《こしみずはるか》と申します。

私は、2021年に東京大学を卒業し、現在は弁護士の道を歩んでいます。

東京大学に合格した当時、周囲からはよく「やっぱり昔から頭よかったの？」「勉強が趣味なんでしょ？」という質問を受けました。

このような質問は弁護士になった今でもしばしば受けるのですが、美化された東大生や弁護士のイメージ像が独り歩きをしているように感じます。当然、東京大学や司法試験に合格できたからといって、教科書を一読で暗記したり、数学の定理を頭の中で生み出せるわけではありませんし、実際私にもそのような能力はありません。

かといって「勉強が趣味」で常に勉強をしていたといったこともなく、小学生の頃はとにかく算数が苦手で、四桁の割り算がどうしても理解できず、勉強に対する苦手

意識はとても強かったのです。当時KUMONに通っていたのですが、課題が終わらずに絶望して泣いていた記憶が、今でも鮮明に残っています。

そう、私は決して「天才」ではありませんし、勉強も好きではありません。それでも東京大学に入り、弁護士になることができました。

つまり、**東大に合格するにも、司法試験に合格するにも、天才である必要はない**のです。四桁の割り算でつまずいていた子どもにだって、東大に入学することができたのですから。

天才である必要はないとはいえ、いわゆる難関試験を突破するためには、ある能力を身につける必要があります。

それは、**「試験に対応するスキル」**です。

本書では、勉強が決して得意とはいえなかった私が、「試験」という大きな敵を克服し、さらには「勉強が得意」と言えるようにまでなった勉強法をご紹介します。

「天才」ではなくても「試験の天才」にはなることができる、そのためのポイントを詰め込んでいます。

過去問で敵を知り、己を知る

結論から申し上げます。あなたが受験する試験に合格するうえで真っ先に考えるべきことは、試験を受ける誰しもが必ず利用する**「過去問」の使い方**です。実際のところ、過去問を試験直前まで温存して「本番前の実力試し」に使うという人が多いのではないでしょうか。しかし、これほどまでにもったいない過去問の使い方はありません。

あなたが本気で試験に受かりたいのであれば、まずは過去問を見ることから絶対に始めてください。繰り返しになりますが、何よりも先に手をつけるべきなのは過去問です。**過去問を見ずに試験勉強を始めてしまうのは、倒すべき敵を知らずに戦いの準備をしていることと同じ**です。

ゲームにたとえると、いくら物理攻撃を強化しても、倒さなければならない敵が魔法でしか攻略できないのであれば、その努力はすべて水の泡で何の役にも立ちません。「勉強しているのに合格できない」ということは実際に起こり得ることで、その原因は頭が悪いからではなく、大半の場合は身につけているスキルが間違っているからに他なりません。

実は、多くの人は、日常生活の中ではこのことを意識できています。しかし、試験を受けるとなると、「試験」と「勉強」の概念が混同してしまい、その過程が疎《おろそ》かになってしまいます。

あくまで受けるのは試験なので、試験を克服するためには、まずは過去問を活用して、倒すべき相手を知る必要があります。

そもそも**「勉強一般ができるようになる」「頭がよくなる」「知識を幅広く身につける」ことと、「試験に受かる」ことは、まったく異なる概念**であり、それぞれやるべきことも異なっています。

「試験に受かる」ことに重点を置くと、先述のとおり、それ相応の対策があり、その最たるものが過去問の攻略です。試験は勉強という抽象的な概念と異なり、敵が明白で、「合格」という目標に向けてつけるべき知識は何であるか、という大切な視点を定めるための道具がそろっています。だからこそ、「天才」でなくても、攻略可能性があるのです。

「過去問」を通じて自信をなくしたほうがいい!?

まず過去問を見ることで、**「試験ではどういう問題が出るのか」「自分が最終的にどういった壁に立ち向かわなければならないのか」**が理解できます。

私のまわりでも、「早い段階で過去問を使うのはもったいない」と思い、かなり後になってから取り組んでいた人たちがいました。

大学受験に向けていろいろな問題集に取り組み、学校のテストでも確実に点を取れるようになって、知識を重点的に積み上げていったにもかかわらず、最終的に、その勉強形態が東大の試験問題の出し方に適合せず、入試には落ちてしまった――。そんな人や事例を多く見てきました。

そういう意味でも、過去問は「○○の試験はどのようなものなのか」という傾向がきちんと肌でわかりますから、「最初に過去問から着手すれば、試験に合格するというゴールに近づきやすくなる」と私は考えています。

人によっては「いきなりハイレベルな試験の過去問をやって、結果が悪かったら自信がなくなってしまう」と心配になる人もいるでしょう。しかし私は、**試験勉強においては、むしろ自信をなくしたほうがいい**と思っています。

試験に受かるレベルでないのに自信を持ってしまうことは、それ自体が大きな問題になります。自信を持ちすぎてしまうことは、**自分のいるレベルが正確に把握できていない**わけですから、当然ながら、試験に受かりにくくなってしまうからです。

たとえ、過去問に取り組むことで、今までの自信が打ち砕かれてしまったとしても、それは**今までの勉強方針や自分の学力を見直すきっかけ**になります。そうして謙虚に勉強を進めていったほうが、試験に合格する可能性は格段に上がっていくことでしょう。

ですから、**過去問で自信をなくすことを恐れる必要はありません**。自分がどの立ち位置にいるのかを認識できるという意味でも、真っ先に過去問に取り組むことはメリットしかない行為です。

「過去問」を通じて見えてくること

過去問で「敵」を知ることで、多くのことが見えてきます。

そもそも**全体の問題傾向**として、問題がいくつ出るのか、長文読解なのか、古文漢文が出てくるのか。

より細分化して**個別の科目**に関していえば、東大のように数学は大問が4つと比較的少なくて、自由な記述式で部分点による加点を狙うような形式なのか、例えば早稲田大学などのように「たくさんの問題をできるだけ早く、いかに正確に解けるのか」どうかに重点が置かれているのか、といった**各試験の傾向**が理解できます。

問題の中身まではわからなかったとしても、**試験でどういう力を試されているのか**が、過去問を見ることである程度把握できるようになるのです。その結果、「何がわからないのか」「何が苦手なのか」という**自分の弱点**も見えてきます。

問題にまったく歯が立たなかったら、勉強でしっかりと知識を身につけないといけませんし、問題は解けても時間が足りないのであれば、それは解き方を自分で工夫しなければいけないという課題が浮かび上がってきます。

大事なのは敵を知り、己を知ること。**今の段階で自分に過去問は解けるのか、解けないのか**。それは今後の試験勉強において大きな指針になるのです。

本書では、**過去問を通じて自分に合った「指針」のつくり方**からスタートし、その指針から逆算した**「学習計画の立て方」「時間の使い方」「記憶法」「メンタルマネジメント」「合格のマル秘テクニック」**をわかりやすく解説します。

「天才」でなくても、「試験の天才」にはなれる

中学受験、高校受験、大学受験、資格試験など、あなたが合格を目指す試験の「絶対合格」を勝ち取るために、センスや才能はいりません。満点を取る必要もありません。必要なのは、**合格するために必要な点を確実に取る**ことです。無駄を完全排除し、ピンポイントで完全攻略することです。

繰り返しますが、「天才」でなくても、**「試験の天才」**にはなることができます。

「試験の天才」になるための勉強法が、本書でお伝えする**「逆算式勉強法」**です。

本書は、大事な試験を受けなければならない人生の岐路に立っているあなたに向けて、私がさまざまな試験に立ち向かっていく中で編み出した、**最適な勉強法**をひも解いたものです。私はまさか自分が東京大学に合格し、司法試験を経て弁護士になることができるとは夢にも思っていませんでした。

「自分は天才ではないから東大なんて無理だ」とあきらめてしまっているあなた、東大に合格するためには、天才である必要はまったくないと断言させていただきます。「人生はチャレンジだからこそ楽しい」「本書を読破してくださったあなたに合格の可能性を見出してもらいたい」――。

そのような思いを込め、私の勉強人生のすべてを本書で赤裸々に告白させてもらいました。この本を読めば、天才にはなれなくとも、試験の天才にはなれると確信しています。ぜひ最後までお付き合いください。

最短で最高の
結果が出る
逆算式勉強法
CONTENTS

第1章 勉強を始める前に知っておきたいこと――メンタルマネジメント

第2章 最短で最高の結果が出る「学習計画」の立て方——逆算式勉強法の基本

第3章

過去問で傾向とパターンをつかむ方法——無駄にしないための「過去問」活用術

第4章

絶対合格にコミットする「時間」の使い方

第5章

超効率的記憶法

装幀◎河南祐介（FANTAGRAPH）
本文デザイン◎二神さやか
編集協力◎佐藤裕二、渡邉 亨（ファミリーマガジン）
本文DTP◎株式会社キャップス

第1章

勉強を始める前に知っておきたいこと

——メンタルマネジメント

勉強はいわばゲームです

採点者は何を求めているか？

「勉強とは何か？」と問われたら、**「すべて暗記である」**と私は断言します。

正確にいえば、「試験に合格するための勉強とは何か？」に対する回答となりますが、**試験はあくまで受験生をふるいにかけるための制度**なのですから、天才的な発想を求めてしまうと、採点者側も正確な選別ができなくなってしまいます。だからこそ、試験勉強とはすべてが暗記なのであり、天才的な発想力は必要なく、着実に知識を積み重ねていけば攻略できるものなのです。

すべて暗記であると考えるならば、暗記によって知識が溜《た》まっていけばいくほど合

格に近づくことになります。つまり、着実に努力をしていけば結果が伴うのが試験勉強です

何か特別な才能が必要というわけではなく、経験値の地道な積み重ねが「攻略」につながっていくという意味でいえば、勉強はゲームなのです。

そもそも何のために試験勉強をするのかというと、**知っている問題に遭遇する率を上げる**ためです。どんなに優秀な人でも100%合格するということはあり得ず、模試でA判定をずっと取っていたとしても合格率は80%程度ですから、約20%の人は落ちてしまいます。

当然ながら、**解き方を覚えている問題が増えれば増えるほど合格の確率は高まります**。なので、より正確にいえば、試験勉強とは、〝合格する確率をいかにして上げるかというゲーム〟なのです。

試験攻略は、「暗記」が10割

入試なら、世界史や日本史の勉強が暗記というのは誰でも納得できると思いますが、

実は数学や理科といった教科もすべて、試験の攻略という意味では、**最も効果的な勉強法は暗記**です。

ですから、**苦手な教科であったとしても、問題パターンを暗記する**ことによって克服し、乗り越えることができます。

例えば、私は数学がすごく苦手で、初めて東大の過去問に取り組んだときには1問も問題を解くことができなかったのですが、最終的に東大入試では4問80点満点で50点くらい取ることができました。どうやって苦手を克服したのかというと、確率や証明など分野ごとにノートをつくり、そのノートにそのジャンルで**今まで遭遇した問題の解き方をひたすら記録**していったのです。

そして、自分がまとめた問題の解き方をすべて暗記し、試験を受けたときに「この問題はどの解き方に当てはまるのか」という見方をしていったら、基本的にどんな数学の問題でも対処できるようになっていきました。

確かに、数学という学問の本質は決して暗記ではなく、大学の研究レベルまでいくと天才的なひらめきがなければ成り立たないと思います。しかし、高校3年の数Ⅲくらいまでのものであれば、**解き方をひたすらまとめて暗記する**という**「パターン化」**

の勉強法で乗り切ることができるのです。

勉強もレベルは飛ばせない

勉強は暗記をするゲームにすぎないと断言しましたが、ゲームと少し異なる点としては、**一度暗記してレベルを上げたらそれでいいというわけではない**ことです。人間は忘れる生き物ですので、一度上げたレベルを維持することは至難の業です。

私は、「長期記憶」は誰もが苦手にしていると思っていて、東大生に「もう一度、今から東大の入試を受けてください」といったら、ほぼ全員受からないのではないかと思います。おそらく、ほとんどの人が日本史や世界史なんて忘れていますし、数学の公式すら忘れてしまっている人がほとんどではないでしょうか。

よほどの記憶の天才でない限り、**長期間の記憶を完璧に成し遂げるのは不可能**です。ですから、一回覚えたら二度と忘れないというのは「あり得ない」という前提で勉強法を考えなくてはいけません。逆にいえば誰しもがそうなので、**忘れてしまうことを過度に恐れる必要はありません。**

長期記憶を短期記憶に変えることができてしまえば、結局は「勉強は暗記ゲームだ」と捉えることができるようになります。

長期記憶を短期記憶に変換する方法

長期記憶を短期記憶に変える方法はとても簡単で、**「積み上げ」と「要点化」の2点**さえできていれば、試験勉強において長期記憶は不要になります。

具体的には、**1つの分野を暗記した際には、その要点だけをしっかりとまとめ、次の分野の勉強に入る前にもう1回、自分の中で前の分野を暗唱**してください。

例えば世界史だったら、世界史の古代の時代を一度暗記して、そのまま「覚えたからもういいや」と次の分野に移ると、頭が完全に切り替わって忘れてしまいやすくなります。そうならないために、**今まで暗記したことの要点を改めて自分の中で暗唱する**。ちなみに、私は音読することが多かったです。

そうすると、受験の1カ月前くらいの段階になったときの基本的な勉強法は、**最初から最後までの分野の要点を暗唱する**という形になり、その際に分野ごとに暗記をしてから次に移る形をとれば、試験のための暗記を長期ではなく短期の記憶に変えることができます。

結局のところは、**繰り返し何度も確認することができる体勢を整える**ことが大事なのです。

ただ、人によって暗記法の合う、合わないがありますから、もし自分に合わない暗記法だと思ったら別の方法に変えることも重要です。詳しい暗記の方法などについては後述します。

試験とは未知のものであり、未知のものに立ち向かうことには誰もが恐怖を感じるものです。しかし、**あらゆる試験は、過去問が存在するという意味でゴールが見えているゲーム**にすぎず、しかも暗記によって攻略することができる単純明快なものです。

試験という旅に出るつもりで勉強はするべきですし、この本もそのような心づもりで読んでいただければと思います。

合格するのに、100点は目指さなくていい

試験勉強の最終目的は何か？

試験勉強の最終的な目的は、当然ながら試験に合格することです。知識量を増やせるだけ増やして満点を取ることが理想と考えられる傾向にありますが、**たとえ満点でなくても試験に合格すれば目的は達成**できます。

逆にいえば、１００点を目指して勉強しても、試験に合格することができなかったら、せっかく知識量を増やしても意味がありません。

もちろん、テストの目的が１００点を取ることであれば別ですが、**試験は満点であろうとなかろうと、合格ラインを越えることができればいい**のです。

実際、勉強を始める前に今受けようとしている試験に合格した人たちが何点取っていたのかを調べてみてください。多くの試験では100点やそれに近い点数を取った人はいないはずです。

ですから、試験に合格するという目的を達成するという意味では、100点を取るということにこだわる必要はまったくありません。

こだわる必要がないというよりも、むしろ**合格するためには「100点を目指してはいけない」と断言してもいい**でしょう。

これについては、よく司法試験を例にして話すのですが、**司法試験は5割くらい取れれば基本的に受かる試験**になっています。

いろいろと試験に合格するために勉強していくうち、「だいたいこの論点が試験に出る」とか、「この論点がすごく高度で難しい」ということがわかり始め、試験出題頻度に応じてAランク、Bランク、Cランクといった感じで論点のランクが出てきます。

100点を目指すのであれば、すべての論点を細部まで完璧に理解する必要があり、試験出題頻度が低いCランクの問題への理解も深める必要が生じます。

そうなると、さまざまな資料を確認したり、学者の見解などを読んだりといったようにして広い知識を得ながら理解を深めていくことになります。

確かにそれは知識として価値がありますし、弁護士になったときにそうした知識が役に立つことはあることでしょう。

しかし、**弁護士になる前段階における最大の目的は「試験に合格すること」**であって、知識を深めることではありません。

広く浅くの勉強は「逆効果」

弁護士になったときに役立つ知識も、弁護士になれなかったら使い道がありませんし、弁護士になってから知識を深めても遅くありません。ですから、まずは試験に合格することに全力を傾けなくてはいけないのです。

試験で**100点を目指すための勉強は、広く浅く知識を身につける形になりやすく、**結果、みんなが取れるようないわゆるAランク論点を取りこぼしてしまったりといったことにつながりかねません。

100点を目指すような研究熱心な人たちは、すべての問題を解く力はあると思うのですが、一方で、みんながすごく力を入れて論述の練習をしてきたAランク論点の理解が、Aランク論点に集中していた人たちよりも疎かであったり、誰もできなかったり、そんなに気にしていないようなCランク論点はできるものの、実際には出題されずに力を発揮することができないという事柄に遭遇しかねません。

試験はその性質上、問題の幅を広げてしまうと差がつかなくなり、合格者の選別ができなくなります。

ですから、試験を受ける側としては、Aランクのような**みんなが落とさないところを絶対に取るというマインドを持つ**ことが重要です。知識を広げることで、誰も取れないようなところを取れるようになったとしても、みんなが取れるところを落としてしまったら意味がないのです。繰り返しますが、**知識を広げることよりも重要なのは「確実に試験に合格すること」**です。

そう考えると、知識を広げることに時間を割くよりも、基本論点であるAランクやBランクをしっかり押さえておくほうが、試験においては有利になります。Cランクの論点までカバーして100点を目指そうとしたら、試験においては合格する確率を逆に下げてしまうことになりかねません。
自分の実力的にどの論点を取れるのかをしっかり把握し、自分の実力で取れるところをちゃんと取りこぼさずに取るという意味でも、**自分の実力の範囲外のところを深追いするべきではありません**。

真面目な人や完璧主義な人ほど、この罠《わな》に陥りやすいので要注意です。

すべてを完璧に覚えることができる実力があるのであれば別ですが、通常はそのようなことはあり得ないので、Cランクは力を入れる必要はなく、その分の時間をAランク、Bランクの勉強に注いだほうが効率的になります。

ですから、試験では100点を取れるような**完璧な知識は目指さなくていい、むしろ目指さないでください**というのが、試験に合格するための鉄則です。

不安や焦りは、真剣に向き合っている証

その焦る気持ちは、合格への第一歩

試験を受ける人の一番の悩みは、不安や焦りではないかと思います。現に私も受験生のときに強い不安や焦りに駆られていました。

「自分が寝ている間にみんな勉強しているのではないか」

と焦ってしまったり、

「今日はすごく勉強したけれど、集中できなかったので0時間に等しいな」

と悩んでしまったり、

「あれをやってない、これをやってない」

と考え込んだり……。

とにかく、私はマイナス思考のスパイラルに陥ってしまいやすい性格でした。「あと○日で受験だ」と毎日数えて、もう本番まで余裕がないと不安になるといった日々を送っていて、やはり当時は、不安や焦りは受験勉強において大きなマイナスになると思っていました。

しかし、今にして思うと、そういった不安や焦りこそが**試験に本気で向き合い、受験勉強に打ち込むための原動力**になっていたのではないかと考えています。

不安や焦りは誰にでもあるものです。そのような感情が生じたのは、試験にちゃんと向き合っている証拠であって、決して悪いことではありません。

むしろ、大事な試験を前にして、不安や焦りを感じないことのほうが問題でしょう。受験生のときに不安や焦りを感じることは、それだけ心の中で試験が占めるウェイトが大きくなっているからです。

ですから、試験の先輩として受験生に伝えたいのは**「不安に思ったら、それほど真剣に試験に向き合っている自分は偉いと自分を褒めてあげてほしい」**ということ。不安や焦りは合格のための第一歩なのです。

逆にいえば、もし不安や焦りをまったく感じないという人がいたら、試験や受験勉強への向き合い方を考え直す必要があるかもしれません。

勉強の痕跡の「見える化」が最強の不安対策

不安や焦りはポジティブに考えていいと述べましたが、あまりに強い不安に悩まされ続けていると、メンタル的に問題が出てきます。精神的な不安定さが大きくなってくると、大事な試験のときに実力が発揮できない恐れもあります。

それを解消する方法としては、**「自分はすごく勉強をしたんだ」という痕跡《こんせき》を残す**方法があります。

私が実践していた方法には、**勉強量の「見える化」**があります。例えば、日々の勉強時間をノートに記録していったり、勉強の際に使用した裏紙を箱に入れて積み上げていったりしました。

これらの行動によって、自分がどれだけ勉強しているのかが視覚化され、自分の中で「これだけ勉強しているのだから大丈夫だ」という安心材料になるのです。

自分の心にどれほど「たくさん勉強しているから安心していいんだよ」と語りかけても、なかなか不安を解消するのは難しいことでしょう。

しかし、百聞は一見に如かずという言葉もあるように、**目から入ってくる情報はどんな言葉よりも説得力があります。**

ですから、自分がどれだけ勉強しているのかという痕跡を見える形で残していくことは、とても有効な不安解消法になります。

実際、そうすることによって私は「勉強の痕跡」が自分の中での自信につながり、不安を抑えることができました。

不安撃退ルーティンをつくる

自分だけのルーティンを確立する

勉強の痕跡を残す日々の不安解消法とは別に、**大事な試験の場面で不安を撃退する方法を確立**していくことも有効です。不安や焦りからくる緊張で実力が出せなくなってしまったら、元も子もありません。

ですから、受験生はメンタルマネジメントという意味で、不安撃退ルーティンをつくっておく必要があります。

私は緊張すると吐き気を催すことがよくあり、中学生のときは大事なスピーチコンテストの前になると実際に吐いてしまうことがありました。

このような不安定なメンタルで大学受験に臨むのはまずいと思い、日常生活の中で不安になった**自分を落ち着かせるためのルーティン**をつくりました。

人間は不思議なもので、毎回決まった動作（ルーティン）の後に決まったことが起きると、パブロフの犬のように脳が条件反射で決まった結末へと行動を導いてくれるようになりやすくなります。

ルーティンによる成功体験の積み重ねで効果アップ

不安を撃退するためのルーティンとして、私は緊張する場面が来るたびに**「手のひらに『人』と書いて飲み込む」ということを3回繰り返し**ています。

小さい頃に「手のひらに人と書いて飲み込むと緊張しなくなる」と聞いたことがあって、自分の場合は1回だけだと不安だったので3回にしました。まわりの人にはバレずに、簡単にすることができる点もとても大きなポイントでした。

それをテストなどの**プレッシャーのかかる場面で毎回やって、少しずつどうにか乗**

り切ることができたという成功体験を積み重ねていきました。そうやって試験前などのドキドキしたときに、「そうだ、手のひらに人と書いて飲み込むと落ち着くんだ」と言い聞かせながらルーティンをすると、実際に落ち着くようになっていったのです。

ルーティン自体にはそれほど意味はないのですが、その動作をしている間は余計なことを考えず、不安な気持ちが生じにくくなります。それで落ち着くことを繰り返していけば、よりルーティンによる不安撃退効果が確実になっていくでしょう。

あなただけのルーティンを確立しておけば、不安な状態から精神を落ち着かせることが意識的にできるようになり、メンタルコントロールという観点でも大きな武器になります。

勉強中は自分がビリ、本番中は自分が1位

やる気がなかなか湧かない人へ

試験勉強においては、不安や焦りが大きな武器になると先述しました。不安や焦りがやる気スイッチにつながり、勉強への熱意に変化するためです。

そういった気持ちがある人は問題ありませんが、不安や焦りがあまり感じられず、やる気がなかなか湧かないという人も少なくないでしょう。そのような人たちにこそ、この項目を読んでほしいと思っています。

大前提として、自分以外の受験生たちの能力は未知数です。そのため、確実な合格率を知ることは不可能（模試は本番と採点基準が違い、問題傾向もズレるのでそこまで参考

になならないことが多い）になっています。

だからこそ、テストに向けて勉強しているときは「自分がビリ」だという可能性を常に頭に置いておくべきです。**「今、自分はビリかもしれない」と思って、だから勉強をやらなければならないんだと自分を追い込む**のです。

これは私が受験勉強をしているときに心がけていたことで、自分にすごく自信を持っている状態で勉強してしまうと、**慢心によって思いがけない見落としなどが生まれてしまう**と考えていました。

自信がありすぎて「自分が1位」というような心境になっているのは、ウサギとカメの寓話《ぐうわ》のように油断したほうがどこかで追い抜かれるというような、隙が生じてしまっている証拠だと思っていました。

そうならないためには、試験に向けて勉強をしているときは「自分はビリなんだ」という、自信のない状態でいるほうがいいのです。

人によっては、すごく悪い想像をしてしまっているから不安になるとか、悩んでしまうことがあるでしょう。しかし、そういう不安はこれをやっていないんじゃないか、あれをやっていないんじゃないかとか、自分の学力や勉強において細かいところを冷静に見ることにつながります。ですから、受験生は**「自信を打ち砕いた状態」で勉強**を進めてください。

本番で「自分が1位」と思い込む方法

ただ、試験の本番まで「自分がビリ」だと思っていたら、自分が信じられずに解ける問題も解けなくなってしまいます。

本番では、一転して「自分が1位」だと思い込むことが重要です。そう思い込めるようになるための方法を紹介します。

これは不安の撃退と同じ内容ですが、私は試験の本番前、自分が勉強した時間などを記録したノートを見ることで**「私はこんなに勉強しているんだ」と自己暗示**をかけていました。さらに、勉強に使用した裏紙の一部や暗記したノートなども溜めていたものを試験前日に机の上に並べ、「私はこんなにやっているんだ」と、**視覚的にも自分の勉強量を自分に認識させました。**

あと、これはちょっと変な話に思われるかもしれませんが、**自分が映画やドラマの**

主人公になった気持ちで試験に向かおうと決めていました。

頭の中で「越水遥、○歳、今日は試験です」といったナレーションを入れて、天才少女が受験へ向かう……といったドラマのシチュエーションを思い浮かべ、主人公として演技をしながら試験会場へ行くということをやったのです。

そうやってドラマの中の登場人物になったように思い込むと、不安や焦りを少し忘れられて楽しい気持ちになりますし、だんだん自分が本当に「天才少女なんだ」と思えてきて自信が湧いてきます。ですから、私は「東大に絶対に合格する天才少女」として自信を持って試験を受けたのです（笑）。

そこは、本当に勉強できる環境ですか？

人間はサボる生き物だから、あえて「監視の目」をつくる

意外と見落とされやすいのですが、勉強は環境がとても大切です。どこで勉強をするかによって、パフォーマンスが劇的に変わってしまうからです。

私のおすすめは、**家族がいるリビングなどで勉強する**こと。自分の身近な存在で、自分の受験勉強を応援し、一緒に不安や焦りを感じてくれている家族に見られていると、なかなか手を抜くのが難しくなります。せっかく応援してくれている家族の前で、ノートや参考書に手をつけずにダラダラとテレビを見ているなんてことは、ほとんど

の人はできないことでしょう。

そうすると、必然的にやる気が出ずに何となくボーッとしているような無駄な時間が減っていきます。

家族がいるリビングだと勉強がはかどるというのは、私の経験談でもあります。家族は受験のために大切なお金も出してくれていますから、私は**「裏切っちゃやダメだな」「期待してくれている家族のためにもがんばろう」**という気持ちになり、勉強に集中することができました。

ただ、家族とはフレンドリーな関係で、勉強そっちのけで思わず話をしてしまったり、「今は勉強やめて一緒にテレビ見ようよ」と誘われたりといったことがあると思いますので、あまりに甘やかしてくれるタイプの家族だったら、リビング以外の選択肢を考える必要があります。少し厳しいくらいの目で見てくれる家族のほうが、受験勉強においてはありがたい存在といえます。

そういう人は、学校の自習スペースや図書館など、**ライバル受験生がいる環境**で勉強をするのがいいと思います。受験生同士はどうしても互いに気になってしまうものですので、自然に互いに監視の目を向け合うことになります。

受験勉強というと、自分の部屋にこもってひたすら勉強する……というイメージがある人も多いでしょう。実際に自室は大半の人にとって勉強場所のベースになると思いますが、自分しかいないという状態だと、何となくスマホを見てしまったり、音楽を聴いてしまったりといったことになりがちです。自分にとって楽なほう、楽しいほうに向かってしまう、甘くなってしまうのが人間というものです。

自分の部屋は、自分の趣味が詰まっているわけですから、下手をすると勉強せずにどんどん時間が過ぎていってしまいます。

そうならないためには、あえてドアを開けっ放しにしておくことが有効。**「監視の目」**を意識することがサボりの防止に役立ちます。

勉強スペースを複数持つべき理由

自室など同じ場所ばかりで勉強していたら、集中力が切れてやる気が湧かないということも起こります。その問題を解決するためには、勉強できるスペースを複数持っておくことが大切です。集中できないときは場所を移動することで頭の切り替えができます。

私は先述したリビングや自室、学校の自習スペースに加えて、図書館の勉強スペースを利用していました。ここでも「監視の目」を意識するのが重要で、図書館にいかにも受験生だとわかるような格好で行くことで、

「まわりの受験生はちゃんと勉強しているのに、スマホばっかりいじってるって思われたら嫌だな」「まわりの子たちより長く勉強しないと勝てないぞ」

という気持ちが働きます。そうすると、周囲の目が気になってサボりにくくなります。

自分のメンタルを「勉強するしかない」という方向に追い込んでいくという意味で、環境というものはとても大切なのです。

入試の場合、勉強の場所としては、学校の自習スペースも使えますが、どうしても仲のいい友だちがいたときに何をしているのか気になったり、思わず長話をしてしまったりするので、気が散ってしまいやすい人はやめておいたほうがいいでしょう。

勉強に集中できる机の環境づくり

机の上を片付けたくなる心理の真相

いざ勉強しようとしたときに「机が散らかってるな……」と気になり、机の上の片付けから始めるという人は少なくないでしょう。

しかし、これは本当に机が散らかっているのが気になっているというわけではなく、**何となく「勉強したくない」という気持ちの表れ**であり、つまり現実逃避であることが多いと思います。少なくとも、勉強の前にわざわざ片付けをやる必要はないでしょう。

片付けをすると勉強できない時間ができてしまい、それは単に時間の浪費というだけでなく、大きなデメリットを生み出してしまいます。

机は汚くてもいい

そもそも勉強をすること自体が1つのハードルです。やりたくないことをやらなければならないという意味で、それを乗り越えて勉強を始めるだけでも、ある程度の踏ん切りをつけないといけません。

それなのに、勉強の前に机の上を片付けるという行為があると、2つのハードルが生じます。そうなると勉強という行為が「やりたくない片付けをやって、それからやりたくない勉強をやる」という二重のハードルによって遠のきますし、人間が1日に集中できる時間には限界がありますから、**勉強の前に片付けで集中力を使ってしまう**のは、とてももったいないのです。

断言しますが、受験勉強において机の上は汚くても構いません。実際、私も机が汚かったので、勉強しようとしたときに「机の上が散らかってるから片付けてから勉強を始めようかな」と思うことはありました。

しかし、そういうときは、机の上の物をサッと横にどけて、最低限のスペースだけつくったら勉強を始めてしまっていました。

一般的なイメージだと「東大に入るくらい勉強ができる人は、日頃から机の上をきれいに整理整頓しているのだろう」と思われやすいですが、**整理整頓された机でないと成績が伸びないなんてことはありません**。

もちろん全員がそうではありませんが、むしろ、いつも机の上がきれいに整理整頓されている人のほうが、勉強をサボりがちになっている可能性もあるかもしれないので、ぜひ日頃の行動を振り返ってみてください。

勉強しやすい机の整え方

勉強がしやすい環境という意味では、**机の上の整理整頓にこだわらないほうが勉強しやすくなる**という捉え方もできます。

私は本を一度本棚にしまってしまうと、立ち上がって再び取りに行くのがすごく面倒に感じるタイプで、使った本は、数学なら数学といったように教科ごとに山にして、机の上や床に積んでいました。

一般的には「散らかっている」といわれてしまうような状態だと思うのですが、このような環境にしておくと、**内容（入試なら教科）ごとに「あの問題集を見たい」と思ったとき、すぐに手に取ることができる**のです。

見たいと思った瞬間に手に取ることができると、勉強におけるストレスがかなり軽減されますし、本を取りに行く時間が発生しないので、**気持ちが途切れない**という意味で効率も上がります。

また、**問題集の山をつくっておくと「やるべきこと」が見える化**され、視覚的にどの科目にどのくらいの時間をかけるべきかといったことも理解できます。これはいくら頭の中で考えていてもしっかり把握するのは難しいことで、山の高さや本の量で目に見える状態にしたほうがよくわかります。

決して行儀のいいことではないのですが、受験生にとって最大の目標は試験に合格することですから、試験が終わるまでは一般でいわれるような**お行儀のよさよりも「勉強しやすい環境を整えること」**を大切にしましょう。

ですから、受験生は一般的な整理整頓にこだわる必要はまったくなく、勉強のしやすさや「やるべきこと」の見える化といった視点を重視して、机の上やまわりをカスタマイズしていくべきです。

勉強仲間は必要か、不要か

試験が終わるまで孤独になったほうがいい理由

これは私の個人的な感覚で、賛否があるかもしれませんが、あえていわせてもらうと、**「友だちは勉強の足かせになる」**と考えています。

よく、友だちと一緒に勉強すると、わからないところを教え合ったりすることで理解が深まるといわれるのですが、**自分の学力が上がるにつれて自分が教えることが多くなってしまうと、効率がどんどん落ちていきます。**

長期的に知識を深めるという意味では友だちと教え合うほうがいいのかもしれませ

んが、受験という短期間の勝負においては、障害になってしまうのです。

友だちと一緒にいるだけでも勉強中に気が散りやすくなりますし、友だちがまだやっているなら自分も続けようかなといったように、**友だちといることで勉強のペースを乱される**ことにもなります。ですから、友だちと一緒の試験勉強というものは成り立たないと私は思っています。

メンタル面でも「友だちと勉強」はマイナス

効率面だけでなく、友だちと一緒に勉強することでメンタル面でもマイナスな面があります。だいたい、友だちは同じ学校だったり、偏差値が近かったりといったケースが多いと思うのですが、そうなると**友だちグループ間の成績の勝負だけで自分の位置を考えてしまう**ようになります。限られた友だちに勝っただけで「自分はすごいんだ」と慢心したり、友だちに負けただけで必要以上に卑屈になったりといった状態になりかねません。

友だちに合わせて勉強のペースを乱してしまうことで、調子を崩してメンタルが弱っていくということも起こり得ます。

冷たいようですが、私は友だちと一緒に勉強することについて、メンタルの意味でも効率の意味でも、**プラスの要素はほとんどない**と考えています。

友だちと仲よく勉強して、試験にみんな受かることができればいいでしょうが、現実はそんなに甘くありません。「夢物語」といってもいいでしょう。

友だちと一緒に勉強している方がいたら、いったんやめてみてください。

勉強しているときは友だちがいたとしても、**試験の本番は一人で臨むもの**です。誰の力も頼れませんから、孤独に慣れておきましょう。

合格するまでのスマホとの付き合い方

スマホに振り回されないたった1つのシンプルな工夫

2022年に東京都が発表した「家庭における青少年のスマートフォン等の利用等に関する調査」の結果によると、高校生のスマートフォンの所有率は約96%。大半の生徒が持っているわけですから、近年の受験生にとってスマホとの付き合い方は非常に大きな課題になっています。社会人の方ならなおさら課題かもしれません。

スマホとの付き合い方については、私が受験生だった頃も、友だち同士の会話で話題に上ることが多くありました。

「勉強しなきゃいけないのにどうしてもスマホを触っちゃう」「気づいたらSNSやLINEを見てしまう」といった悩みを持っている生徒が多く、どうしたらいいのかと友だちからアドバイスを求められることもしばしばあったのです。

そのときに思ったのが、**「想像以上に机の上にスマホを置いて勉強している人が多いんだな」**ということでした。

実際、勉強しているような時間帯にグループLINEなどにメッセージが送られてくると、誰も返信はしなくても既読にはなるんですよね。

私もメッセージがきたら、気になって確認してしまいます。私にとって、それほど気が散って勉強の邪魔になるものはないと思っていました。

そうならないため、私は**スマホの電源を切るのが一番いい**のではないかと考えました。電源を切ると、もしスマホが気になって見たくなっても、いちいち電源を入れ直さないといけないわけです。

電源を入れ直すと起動時間がかかりますから、面倒くさくなって**「電源が入るまで待つくらいなら今はいいや」**というマインドになっていくと思ったのです。

私たちは、スマホを見るということ自体が生活の中のルーティンに組み込まれてしまっていますから、どうしても見たくなるし、メッセージや友だちのＳＮＳが気になったりしてしまいます。

しかし、電源を切って「また電源をつけるのは面倒くさいから今は見なくていいや」という状況を何回も繰り返していると、自然とスマホを見なくても気にならなくなってきます。これは実体験として強く感じたことです。

電源を切るだけでなく、**誰かにスマホを預ける**といった行動でもいいでしょう。スマホを使うまでにハードルを設けておくことで、徐々に「そこまでして見なくていいや」という気持ちが強くなっていきます。それをルーティン化することで、スマホを見なくても大丈夫な体質に変わっていくことができます。

無駄と思える「学校の授業」を有意義にする「予習」法

無駄か有益かは、使い方次第

ここからは少し学生のみなさんに向けた話をしますが、資格などで予備校に通っている人にも役立つかと思います。**学校の授業は、使い方次第であまり成果のないものになってしまうこともあれば、大きな収穫が得られることもあります。**当然、受験生にとって時間はとても大切なもので、授業を受けるなら有効に使うに越したことはありません。

もし有効に使うことができなかったら、かなりの貴重な時間を無駄にしてしまうことになりますから、試験に向けて効率的に勉強を進めていこうとするなら、とても重要なポイントになるといえるでしょう。

無駄と思える要因

私が受験に向けて本気で勉強を始めようと思ったとき、正直なところ「学校の授業がすごく邪魔」と思ってしまったことがありました。

というのも、学校の授業だと先生が口頭でどんどん説明して、例えば数学の式とか書いていくわけですが、そのときに**自分の中で引っかかりがあったり、理解できなかったりしたとき、気になってそこで思考が止まってしまう**のです。

授業中に一度でも引っかかってしまうと、理解する能力が落ち、授業を受けていても先生が何をいっているのかよくわからなくなってしまいます。

また、学校の授業は**個人に合わせてピンポイントにやってくれるわけではありません**。ですから、授業を受けていると、どうしても「別にそこ知りたくなかったのに」「教えてもらわなくてもいいことをずっと聞いていて、この時間なんなんだろう」と思ってしまうことがあり、それも疑問に感じていました。

そこで私は、その根本原因は何かに考えを巡らせました。

あるとき、私は根本的に人が口でいったことを、その場で理解するのがすごく苦手なんだと気づいた瞬間がありました。特に数学が顕著で、先生がいくら説明してくれても、**その場で聞いただけだとなかなか飲み込めなかった**のです。それが「授業が無駄」になってしまう大きな原因だとわかりました。

おそらくこれは私だけでなく、小学校・中学校レベルであれば一度聞いただけで理解できることはあっても、高校レベルになると一度聞いただけで授業内容をちゃんと理解できる人はあまりいないのではないかと思います。

できたとしても、得意科目くらいではないでしょうか。苦手な科目の授業を一発で理解できるようだったら、そもそも苦手ではないですからね。

途中で理解をあきらめてしまうと、授業を受けている意味がほとんどなくなってしまいますから、先述したように「無駄」と感じられてしまいます。

授業を有意義にするコツ――予習のすすめ

学生であれば、無駄といえども、授業の出席が必要でしょう。そこで私は、どうやったら「無駄」「勉強の邪魔ですらある」と思っていた授業の時間を、より有意義に過ごせるかなと考えました。

そこで導き出した答えは、**その日の授業で何をやるのか、どんな問題が出るのかを、事前に予習しておく**ことでした。

「どこを予習すればいいのか迷うのでは？」と心配になる人もいるでしょうが、授業の内容は基本的に教科書どおりなので、予習すべき箇所はだいたいわかりますし、テキストが事前に配られることもありますから、授業で何をやるのかは予想しやすいでしょう。

可能であれば、授業を受ける日の朝、あるいは前日の夜、時間がなければ授業の直前に少し予習をしておき、**授業は復習のつもりで受けるのがベスト**です。

といっても、完全にその日の授業の内容をがっちり理解しておく必要はありません。

あくまで「こんなところが出るんだ」「こんなところを教わるんだ」とか、「こんな仕組みなんだな」と**軽く把握しておく程度**で構いません。

全部の授業で予習できればいいでしょうが、それはかなり意識が高くないと難しいと思いますから、**苦手な科目の授業だけでも十分**です。

授業中は、先生が何をいっているかを理解しようとするというよりも、**終わったら絶対に何か一つでも質問をしようという意識**を持ちましょう。

そのため、引っかかる箇所が生じた際には、それを質問リストに加え、気にせずに次に集中すればいいのです。

授業内容に集中できない1つの要因として、授業を受けているときは、先生がずっと黒板やホワイトボードに板書していて、それをノートにきれいに写すことに集中してしまいやすい点があります。

ノートはきれいである必要はないので、**ノートを取ること自体に集中しすぎず、「終わったら先生に何か聞こう」「疑問点を探しながら先生の話を聴こう」という意識**を持つべきです。

そうすると授業内容の理解度が格段に上がりますし、先生が書いたことをノートに写すだけの単純作業と違って、授業中に眠くなりにくくなります。授業にそういう意識で臨むと楽しくなってきますし、メンタル的にも落ち着いてくるので、とてもおすすめです。

無駄と思える「学校の授業」を有意義にする「復習」法

先生がまとめた要点をフル活用

学校の授業の使い方という意味では、**授業は復習においてこそ、その真価を発揮するる**といっても過言ではないかもしれません。

学校の授業は、教科書をベースに進めていくわけですが、単に教科書をそのままなぞることはほぼありません。

教科書そのままだったら先生がいる意味がありませんから、先生たちは生徒たちがわかりやすいように**教科書の内容を簡潔にまとめ、教科書をブラッシュアップして伝えてくれています。**

それこそ、学校の先生たちの腕の見せどころであり、いかにわかりやすくするか苦心してまとめてくれているわけです。

逆にいえば、教科書そのままで何の工夫もなかったり、わかりにくいまとめ方だったりする場合は、その先生の腕が……ということになってしまいますが、大半の先生はしっかり取り組んでくれていると思います。

ですから、これを使わない手はありません。**その教科の専門家ともいえる先生がきれいにまとめてくれたもの**ですから、とても効率的になっているはずです。

学校のノートは試験に出やすいAランクの論点を教えてくれているものです。**「学校のノートにまとめた内容は誰もが知っておくべき内容である」**というマインドを持てば、授業がとても有意義なものになっていくでしょう。

「ノート暗記」こそ有効な復習方法

授業中、先生が短くきれいにまとめてくれた内容をノートに書き写すわけですが、極論でいってしまえば、それを丸暗記するのが最も効果的な復習方法です。

授業は要点がまとめられているわけですから、それを写したノートの内容を覚えるだけで試験に対しては有効な勉強法になります。

試験は暗記がすべてであり、長期記憶を短期記憶で置き換えるためには要点化が重要であると先述しましたが、ノートは自分でやらなくてもいわゆる**「要点化」を先生がすでにしてくれている**ものなのです。

そのため、ノートを最初から暗記していくだけで試験対策になりますし、しっかり疑問点を明確にしながら授業でノートを取ることができれば、そのプロセスはより効率化されます。

さらに、**復習するときは教科書を見ながら、重要だと思う知識を書き込んだりしながらやっていく**と、頭が整理できますし、暗記の効率も上がっていくでしょう。

ただし、63ページの予習の項目でも触れたように、ノートをきれいに書くことに集中しすぎてはいけません。あくまで授業が終わったら先生に何かを質問するつもりで、授業の要点をまとめるといいでしょう。

「苦手科目」との上手な向き合い方

苦手科目があるのは当たり前

苦手科目があることで不安になっている人は多いと思います。自分の弱点であり、苦手科目の有無が受験の合否を左右するようなイメージもありますから、苦手科目があってはいけないと悲観してしまうことでしょう。

しかし、苦手科目を克服しようとしても、なかなかうまくいかないものです。苦手なのですから、当然といえば当然なのですが、克服できないと余計に焦りが出てしまい、悲観的な気持ちに拍車がかかってしまうでしょう。

そんな受験生たちに断言しますが、**誰しも苦手科目はあります**。苦手科目がない人なんていないので、条件はみんな同じですから悲観する必要はまったくありません。

これは先述した「100点は目指さなくていい」ということと根本的な発想は同じです。**何もかも完璧にやる必要はなく、しっかり押さえるべきツボを押さえて、最終的に試験に合格することができればいい**のです。

苦手科目があると、どうしても「この科目で○点しか取れなかったらどうしよう」と悩んでしまい、メンタル的な足かせにもなります。

試験本番は「自分が一番」だと思って受けるようにと述べましたが、そういう気持ちになるのも、苦手教科の試験だと難しくなってきます。

しかし、繰り返すようですが、苦手科目がない人なんていません。すべての科目を完璧にできる人なんて、私も今まで見たことがありません。みんな、何かしら「できないこと」「苦手なこと」を抱えているのです。

ですから、苦手科目があるからといって、それにメンタルが引きずられて試験や勉強のマイナスになってしまうのは、非常にもったいないことです。

とはいえ、苦手教科のせいで試験に合格できなくなってしまったら元も子もありませんから、何かしらの対策をしなければいけません。

このとき、よくあるのが「とにかくがんばって苦手科目を克服しよう」「勉強時間をたっぷり使って苦手をなくそう」といった作戦です。これはある意味で王道ですし、長期的な視点でいえばプラスになるでしょうが、短い期間の勝負である受験ということでいえば、この作戦はマイナスにしかなりません。

なぜかといえば、苦手科目は文字どおり、その人にとって「苦手」なものです。**他人の3倍の時間をかけて勉強しても、他人の3倍できるようにはなりません。**コストと成果がまったく釣り合っていないのです。

受験生にとって時間は非常に貴重なものです。その大切な時間を、苦手教科の克服のために注いでも、大して点数は上がらないことは目に見えています。

苦手科目は克服する必要がない

はっきりいってしまうと、受験においては苦手科目をいくら勉強しても効率が悪いので「苦手科目は克服する必要がない」のです。

といっても、どの科目も最低限のラインはありますから、**最低限の点数は取れるよ**

うにしておくべきです。その最低ラインを計算したうえで、時間を苦手科目の克服で浪費するのではなく、**有効に最低限を維持することに使う**べきです。

試験は基本的に総合点の勝負ですから、得意な科目やそれなりに自信のある科目の学力を上げることに時間を使ったほうが有意義です。

得意科目を失敗した際のセーフティネットを苦手科目にしたいとの意見を聞くこともありますが、得意科目を失敗した際に苦手科目で他の人より点数を取ることができて、得意科目での失敗をカバーすることができることはごく稀です。逆に得意科目の勉強時間が減り、失敗する確率を高める可能性が高くなってしまいます。

試験本番においても、**苦手科目は完璧さを求める必要はありません**。例えば、数学だったら「4問中2問だけ完全に答えるぞ」くらいの勢いで受けるほうが、受かる確率は上がるでしょう。

こうした作戦は実体験から考えたもので、実際に私は苦手科目よりも他の科目を伸ばすことで東大に合格することができました。

私は数学が本当に苦手だったので、他でカバーをしようと思い、他の科目の成績を上げていきました。そして、東大の入試で数学の4問中2問を取れれば100%合格できるだろうという配分になるように綿密に他の科目の得点率を計算しました。

試験本番は、数学の4問のうち、最初の2問は確実に解ききって、最悪あとの2問は空白で出そうと考えました。模試でも同じような作戦で臨み、時間配分もそれに沿ったものにしました。そうすることで、**すべてを解こうとしている人の実質2倍の試験時間になります**ので、苦手でもある程度対処が可能になってきます。

結果、そのやり方でまったく問題なかったですし、逆に「3問目以降は解けなくてもいいや」と思うことで気持ちが楽になり、本番では3問目まで解けるといった効果もあり、**メンタル面においても大きな効果**がありました。

そういった気楽になれるメンタルや心持ちは、苦手科目と向き合ううえでとても重要です。

苦手科目を克服する必要はない

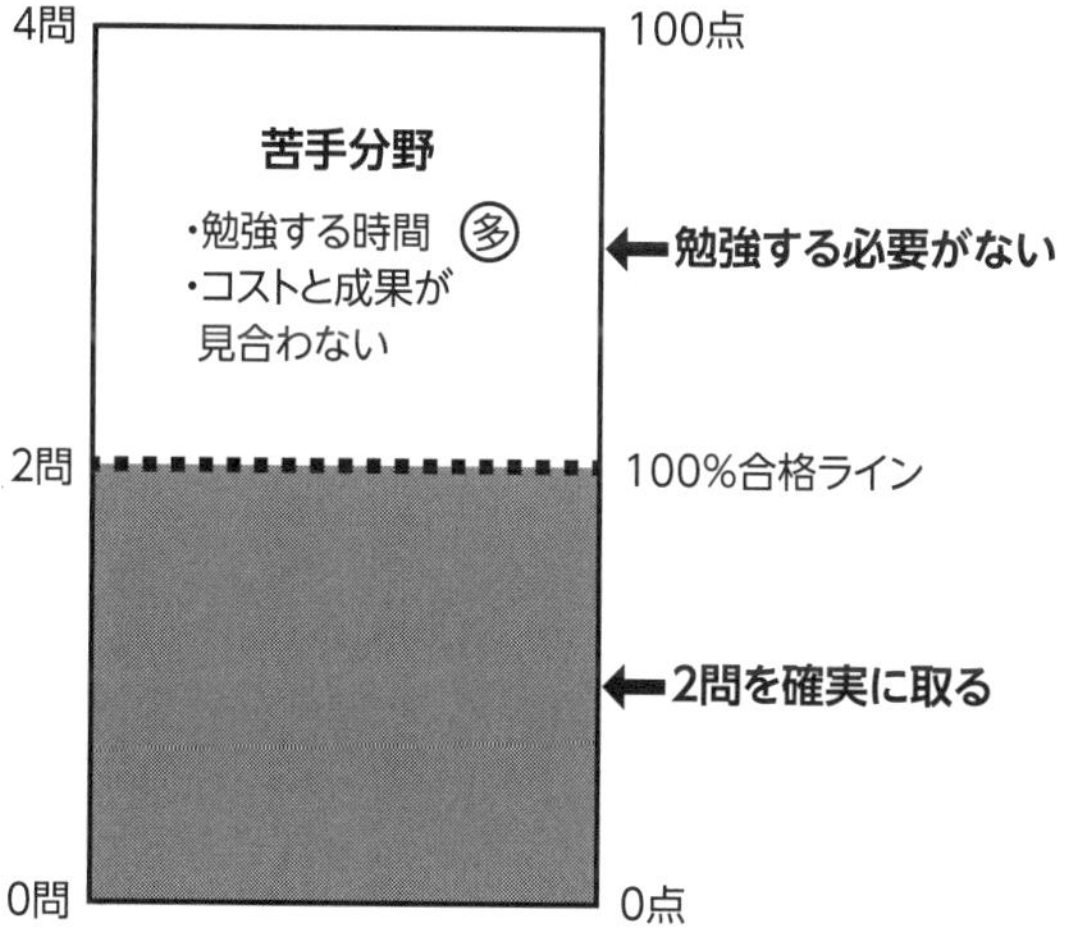

自分にとっての「得意科目」と決める判断基準

他人と比べて決めるものではない

得意科目を聞かれて、答えられないという人は意外と多いものです。どの教科であっても完璧にできる人なんてほとんどいませんから、胸を張って「得意だ」とはいいづらく、当然といえば当然といえるのかもしれません。

しかし、完璧にできる人はほとんどいないわけですから、そこまでの高いレベルでなくとも得意科目と呼んでいいのではないでしょうか。

それでは、何をもって得意科目だと判断したらいいのでしょうか。よくあるのが、**周囲と比べて成績がいいか悪いかで判断するパターン**です。

確かに相対的に比べるとわかりやすいですし、誰に勝った、誰に負けたという判断基準だと「これは得意だ」「苦手だ」といいやすいような気がします。

しかし私としては、**得意科目は他人と比べて決めるものではない**と考えています。他人と比較してどうこうよりも、

◎勉強したら確実に伸びるという自信の持てる科目
◎試験を受けたらこれくらいの点数を取れるだろうと計算しやすい科目

こそが「得意科目」と呼べるものだと思っています。

苦手科目は、「どの程度できるのか」を自分でも認識しづらいものです。やってみたら思った以上にできることもあれば、想像以上にまったくできないこともありますが、それは「苦手」なのだから当然です。どのくらいできるのか予想がつかないくらい、理解が浅かったり、知識が身についていなかったりするわけです。

逆にいえば、「どの程度できるのか」を自分で何となく把握できる科目は、自分にとって理解しやすい内容で、知識も身につきやすいわけです。

この時点で十分に「得意科目」と呼んでいいでしょう。

「得意科目」と呼べる科目がなかったら

ただ、それでも「得意科目なんていえる科目はない」と自信を持てずにいる人はいるかもしれません。

得意科目と呼べる科目がない場合は考え方を変えてみてください。

文系であれば、例えば世界史は一般的にいわゆる世間一般が認める暗記科目であり、暗記が進みやすく、どの程度の点数を取ることができるのかを計算しやすいといわれています。

どれくらいできるのかを計算できるくらいまで暗記をがんばれば、誰でも世界史を「得意科目」にすることができます。

世界史でなくとも、**「自分の中で少し他の科目よりも点数が取れる」**とか、**「他の科目より覚えやすい」**とか、**「成績がある程度安定している」**という科目があれば、それは「得意科目」だと自信を持っていってください。

ですから、もし「得意科目がない」ということで悩んでいる人がいたら、それほど深刻に考える必要はないと思いましょう。**誰にも苦手科目があるように、誰にも得意科目があるのです。**

得意科目、苦手科目を見極める重要性

ただ、「一般的に見た得意科目、苦手科目が何か」を把握することができたからといって手放しで喜んでいいわけではなく、注意も必要です。

なぜなら、**自分の得手不得手は、受ける試験によって変わる可能性**があり、また**得手不得手を把握することができたあとに取るべき戦略は、志望校や試験によって変わってくる**からです。

例えば、**科目の「配点」**です。

大学によっては配点に大きなバラつきのある学部があり、英語の配点が高いとしたら、英語さえ完璧だったら、他の教科で点数が取れなくても合格できるケースがある

のです。

東大でも理系と文系では配点比率が異なっています。一橋大学や早稲田大学などにも該当する学部はあり、ある意味で**「一点突破」が可能になっているケース**も見受けられます。

もし志望する学部がそういうケースであれば、**得意科目を伸ばせるだけ伸ばしていれば、それで合格できる可能性**があります。一方で、苦手科目の一点突破型の試験を受ける場合には、他の科目との配点比率をより緻密に計算したうえで、どの程度までレベルを上げていく必要があるのかの戦略を立てることが重要になってきます。


このように、**得意科目と苦手科目を見極めるのはとても重要**です。得意か苦手かを判別することで勉強の方針が変わってきます。

これは先に述べた**「過去問」の重要性**につながります。

そもそも一点突破型の試験であるため、得意科目をひたすら伸ばしたり、苦手科目の緻密な最低ラインの計算をした対策をするのか、または、点数を総合的に取得しなければならない試験であるため、得意科目は伸ばしすぎる必要がなく、苦手科目についても**最低**ラインを高く設定すればいいのかは、過去問をチェックしなければわかりません。

すなわち、得意科目と苦手科目の把握は、試験に合格するためには**必須**のことですが、それは過去問を見たことがなければ、意味をなさないものになってしまうわけです。

また、例えばこの科目は苦手だと思っていたけれども、この大学のこの科目だと、自分は得意であるというパターンもあり得るわけです。**過去問はそもそもの自分の得手不得手を判断し、自己分析を進める前提としても、とても重要**なのです。

趣味との上手な向き合い方

趣味は付き合い方次第で、プラスに働く

受験生にとって、趣味との向き合い方は難しい問題です。趣味が息抜きになり、勉強にとってプラスに働くのであれば、当然勉強の合間に楽しむべきです。

しかし、多くの場合、趣味は息抜きの範疇《はんちゅう》に収まらなかったり、趣味に引っ張られて集中力が途切れてしまうことも起きかねません。勉強は大前提として多くの人にとってツラいものですので、勉強よりも趣味のほうが気になるのはある意味当然のことであり、仕方のないことでもあります。

かといって、**完全に趣味を封印してしまうことは、かえってメンタル面で支障をきたしてしまう**こともあるので、趣味との関係ではあくまで勉強との兼ね合いが重要になってきます。

試験が終わるまで続けていい趣味、我慢したほうがいい趣味

そうなると、どの趣味を受験中も続けていいのかの取捨選択をすることがとても大切なポイントになってきます。

どうやったら勉強の邪魔にならず、息抜きとなる趣味を選べるのか。私は趣味の選択については、次のように明確な分け方を決めていました。

◎その趣味が勉強の原動力につながるのか、つながらないのか。

◎客観的に区切ることができる趣味かどうか。

この2つの観点でバッサリと切り分けました。

これは人によると思うのですが、私の体験をお話しすると、私は本を読むのが大好きなのですが、そのときに読んでいる作品の登場人物に感情移入をしやすい性格をしており、主人公が一生懸命がんばって成長していくタイプの本やアニメは「自分もがんばろう」いう気持ちになれました。

具体的な作品名でいうと、私は小説の『ハリー・ポッター』シリーズが大好きで何度も読み返しているのですが、その中に登場人物がテストを受けているような場面があり、それを読むと、好きな作品であるため息抜きになると同時に、「私も勉強してがんばろう」「テストなんてどうにかなりそう」という気持ちになることができました。

また、小説は章ごとに区切られていて客観的にやめるべきポイントを決めることが簡単であるうえに、一度読んだことがある作品なので、続きがどうしても気になってしまうという弊害もなく、一定の時間がきたからやめられ、ハードルが低いというのも私にとって重要なポイントでした。

『ハリー・ポッター』に限らず、**息抜きをしたいときは、自分が前向きになることが**

でき、さらには客観的な区切りがあり、やめるのにハードルが低い作品を選ぶようにしていました。

私が受験していたときだと、『鬼滅の刃』がちょうど一番流行っていましたが、主人公が成長していくような作品は読むとやる気が出て、私もがんばろうという気持ちになれ、さらに、アニメは週1回放送で時間も30分と**強制的に時間を区切ることができた**ので、受験中ではありましたが、流行りにも乗りたいと思って観ていました。

また、私が受験生の頃はちょうどオリンピックをやっていたのですが、世界最高峰のスポーツの戦いを見ていると、自分なんかの悩みはちっぽけなものに思えてくるし、**スポーツも試合時間に明確な区切り**があります。

だから、受験勉強中でもオリンピックのテレビ中継については、息抜きとして見てもOKだと判断していました。

ネットフリックスなどで配信されているドラマを観るのが好きな人も、1回の息抜きにつき1話で終えられるのであれば観てもいいでしょう。

とある趣味を封印したワケ

その一方、勉強の原動力にならない、または区切ることが難しい趣味については「これは我慢するべきだ」と思って完全に切り捨てていました。

気持ちが落ち込んでネガティブになってしまうようなものや、**無制限に時間が過ぎる可能性のある趣味は、受験においては大きなマイナス**です。

私の個人的な経験だと、受験の頃、とあるゲームがすごく流行っていました。おもしろい作品だとは思ったのですが、レベルをクリアしなければ次に進まないようなものので、客観的な基準ではなく、自分の力量で進むペースが変わってしまうようなものでした。趣味は楽しいのでどうしても自分に自制をかけていくことは難しいものです。

だから、本当におもしろい作品だろうとは思ったのですが、一定の時間でやめるのが難しい側面があったので、そこはシビアに「受験が終わるまではやらない」と封印していました。

勉強のモチベーションが下がるような趣味や客観的な区切りがないような趣味は確

かにバッサリと切り捨てなければいけませんが、その代わりにこれらの条件を満たすような趣味は、勉強の支障にならない範囲で持っておいて、存分に楽しんでいいと思います。

始める前に勉強の目的を意識しよう

勉強で力を発揮できる目的設定とは？

試験勉強を始める前に、目的を意識することはとても重要です。

世間一般でも何かする前に目的を意識するのは大切だとよくいわれているので、あえて言及するほどではないようにも思えますが、それでも改めて重要性を再認識しておく必要があるほど大切です。

目的を意識するといっても、方法はさまざまです。

一般的には「この大学に受かってこんな人物になりたい」「この資格を取ってこんなことがやりたい」といったピンポイントな目的になりやすいでしょう。

ですが、そういった目的を持ってしまうと「じゃあ受からなかったときはどうなってしまうんだ」「目的が達成できなかったら人生設計が破綻《はたん》してしまう」といったように、マインド的に苦しくなってきてしまうのです。

ですから、目的を意識するときは、**もうちょっと大雑把に、子どもの将来の夢くらいに広い視点で意識したほうが、目的に向けた勉強で力を発揮しやすくなる**のではないかと考えています。

例としては「お金持ちになるぞ」とか「タワマンに住みたい」とか、**少し遠い将来をぼんやりと思い描いて勉強する**といいのではないかと考えています。

私は受験生当時、タワマンというものがどんなものかすらちゃんとわかっていなかったのですが、ふと「タワマンなるものに住んでみたい」と思い、勉強しているときに「がんばって東大に受かったらタワマン暮らしに近づくんだ」と自分に言い聞かせながら励んでいました。

休憩時間に携帯電話で「高級住宅」などのワードで検索して、どんな家に住みたいのかを具体的にイメージしながら、こういう家に住むために、私は今、数学をがんばっているだと思いながら勉強していました。今にして思うと、かなり俗っぽい学生だったかもしれません（笑）。

ですが、あまり崇高な理想を持って、「東大に入って学問を究めたい」とか、「世界で認められるような研究がしたい」といったような目的で勉強をしようとすると、モチベーションが勉強や試験につながりすぎています。

それだと、もし試験でダメだったときはどうなってしまうのだろうと不安になりやすく、目的を持っていることが苦しくなるきっかけになってしまいやすくなります。

ですから、**メンタルコントロール的な意味でも、ちょっと勉強から離れたり、直接の目標から離れたりといったところから「目的」を見つけ出し、それを意識する**ことが大切だと思います。

弁護士になろうとしたときも、「法的知識を身につけて、こういう弁護士になるんだ」というよりは、ちょっとそこから離れたところで目的を見つけることによって、息抜きしつつ意識を高めることができました。

勉強の目的は、俗っぽいくらいがちょうどいい

「お金持ちになりたい」だの、「タワマンに住みたい」だのというと、ちょっと下世話な印象になってしまうかもしれません。そういう俗っぽい目的を持つことを躊躇《ちゅうちょ》してしまう人もいることでしょう。

しかし、むしろ目的は世俗的なものにつなげたほうがいいのです。

「こういうすごい人物になりたい」「知識を身につけてこういうことがやりたい」といった崇高な目的は、立派な心掛けではありますが、実はそういう目的ははっきりとした**具体的なビジョンが見えていません**。

ビジョンがはっきり見えないところに目的が飛んでしまうと、モチベーションアップにはつながりませんし、先述したように崇高な目的だと、**「失敗したときにどうしよう」という気持ちの苦しさが生まれやすくなります**。

ですから、お金持ちになりたい、タワマンに住みたいといった目的のほうが、ビジ

勉強の目的のつくり方

○	×
●タワマンに住む	●資格を取って○○になる
●お金持ちになる	●～大学に入って ○○みたいな人物になる
●毎年海外旅行に行く	●～大学に入って 学問を究める

☞ 崇高な理想よりも俗っぽい目標がおすすめ！

ョンが浮かびやすいですし、目的と勉強が直結していないので気持ちが苦しくならず、モチベーションが落ちにくいのです。これが、俗っぽい目的を持つことを、私がすすめている理由です。

立派な目的を掲げてモチベーションを落としてしまうよりも、ちょっとくらい「品がないかも」と思ってしまうような、身近に想像できるような目的がちょうどいいのです。

もし本当に崇高な目的があるとしても、それを考えるのは試験に受かってからでもまったく遅くありません。合格するまでは、俗っぽいくらいの目的を持って勉強に臨んでみてください。

最初は質より量

質を追求しすぎる弊害

試験勉強を始めようとしたときに「質のいい勉強をしなければ、量をこなしても意味がない」と考えてしまう人は多いと思います。

どうやったら質のいい勉強ができるのかと思い詰めてしまうと、勉強を始めること自体のハードルがどんどん上がってしまいます。それで腰が重くなってしまい、なかなか机に向かうことができなくなってしまったら本末転倒です。

実際、受験生時代に私のまわりでも「どうやったら効率よく勉強できるのか」「何の参考書を使ってどの順番でやったらいいのか」といったことを**じっくり考えてから**

勉強を始めようとする人がいたのですが、それでは逆に効率が悪くなります。

そもそも、ある程度やってみないと、どうやったら勉強の質が上がるのか、どうすれば効率が上がるのかといったことはわかりません。

また、勉強の質に意識を向けすぎると、勉強をしていても「質が悪い方法をやっているのでは」と不安になり、メンタルにもよくありません。

なので、勉強を始めようとしたとき、どうしたら効率がよくなるのかわからないのであれば、質を上げるといったことはひとまず置いておいて、**とりあえず「量をこなす」ということに集中するのがベスト**です。

量をこなすのであれば、あまり深く考えずに始められるでしょう。とにかく始めてしまえば、徐々にコツがわかってきますし、どうしたら質や効率が上がっていくのかを直感的に認識できるようになっていきます。

最初から完全理解を目指さない

「質はあとからついてくるもの」と考えましょう。最初から質を気にしていると、結局は勉強が進まず、むしろ効率が悪くなってしまいますから、気楽に「とりあえず量をこなしてみよう」というところから始めてください。

どうしても、勉強をやり始めたときは「完璧に理解しよう」としてしまいます。例えば、世界史だったら最初に古代王国がたくさん登場する場面がありますが、時系列的にどこがどことかかわっていて、どの順番に滅んでいるのかの「世界史的な意味」をなかなか理解することができず、すぐに力尽きて嫌になってしまうということがあります。

それよりも、**完全に理解せずとも、とりあえず暗記をしながら進めていって、全体像を把握してからのほうが「何が重要なのか」がわかってきます。**そうすれば、試験でどういうポイントが聞かれる可能性があるのかわかってきますし、理解した部分が他の部分とつながって、理解度が格段に上がっていきます。

世界史だと、古代中国でこういうことがあったときに、同時期の別地域では何が起こっていたかといったことを問題で聞いてきたり、別々の国の歴史を年代順に並べたりといった問題がありますが、それも**ひと通りやってからでないと解けません。**

特に数学は、**全体像を理解することが重要**で、公式にこだわって完全に理解しよう

質と量の関係

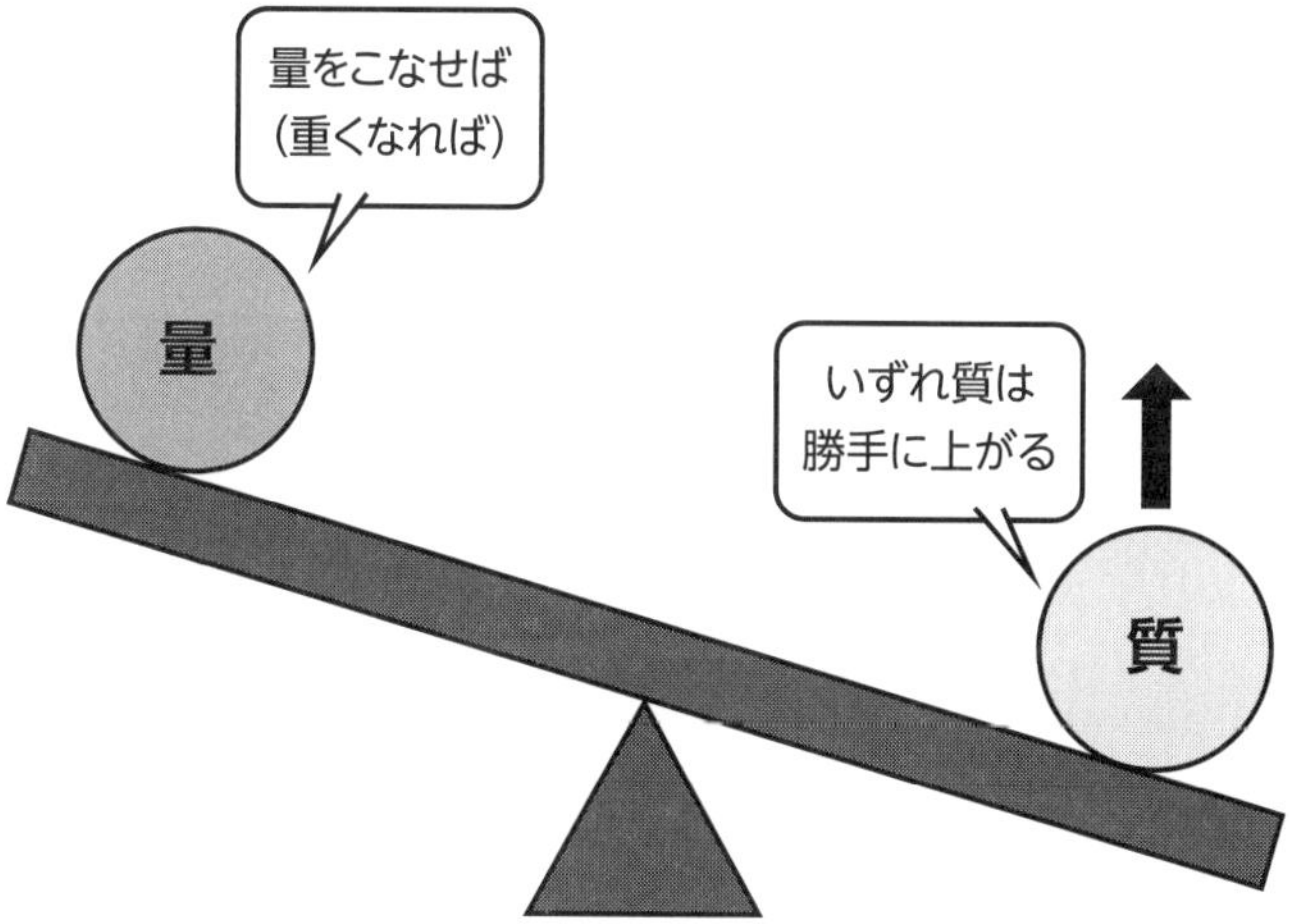

とするのではなく、いったん勉強を進めてみて全体像をつかむと、「ここまでやるとわかるんだ」と気づくことができます。**全体を知らないと、木を見て森を見ずのような状況**で行き詰まってしまいやすいのです。

最初から完璧に理解しようとして、**序盤でつまずいてしまうよりも、どんどん勉強を進めて、1つの教科でも2周、3周と繰り返して、量をこなして**いったほうが質は上がりやすく、おのずと効率もよくなっていきます。

試験勉強にスタートダッシュはない

試験勉強は長距離マラソン

いざ試験勉強を始めようとしたときに「スタートダッシュで他の受験生たちに差をつけたい」と考える人は少なくないようです。

しかし、最初、必死にがんばれるだけがんばってスタートダッシュを決めたいと思っても、それが通用するのは短距離走だけです。

試験勉強は100メートル走ではなく、マラソンのような長距離戦です。ですから、レースの序盤でダッシュを決めたところで、息切れしてしまったらすぐに後ろから追い越されてしまいます。

学校のマラソン大会や体育祭の長距離走で、目立ちたくて最初だけぶっちぎりで先頭を走り、スタミナがなくなってどんどん抜かれてしまうといった人がいますが、それと同じような状態になってしまうわけです。

試験勉強は長距離走と同じく、地道に努力を積み重ねて、ゴールに向けて一歩一歩進んでいくしかありません。

試験勉強はフライングOK

では、他の受験生と差をつける方法がないのかといえば、決してそうではありません。

最も有効な方法は、極めて単純な話ではありますが、**他人よりも早く試験勉強を始めること**です。長距離走は「よーいドン」で一斉にスタートしますが、試験勉強を始める時期は決まっていません。

他の受験生たちよりどれだけ早く勉強をスタートさせても、フライングにならないのです。

少しでも早く他人より勉強を始めたという事実は絶対に揺るぎませんから、**受験生にとって大きな自信につながります。**

試験勉強のスタートに関しては「まだ早い」ということはありません。合格したいなら、**1日でも早く勉強を始めてしまったほうがいい**のです。

そうやって早くスタートを切れば、勉強の習慣がまわりの人よりも先に身につき、メンタル面でも大きな強みになっていきます。

ですから、やる気が出ないとか、まだ勉強を始めるのは早いんじゃないかなどと考えている人がいたら、今すぐにでも試験勉強を開始してほしいと思います。

第2章

最短で最高の結果が出る「学習計画」の立て方

――逆算式勉強法の基本

「逆算式勉強法」とは何か？

「勉強ができる人間」になれても、合格できるとは限らない

本書のタイトルにもなっている「逆算式勉強法」とは、**試験に向けたあらゆる勉強を始める前に、従来なら終盤の目標に設定されていた過去問を確認し、過去問から「今やるべきこと」を浮き彫りにしていく**というものです。

試験に受かるために、試験が得意になるために、やみくもに勉強していても、「何をしたらいいのか」が見えないと効率が悪く、いつの間にか見当違いの方向へ突き進んでしまうこともあります。

ゴールに到達するためにはどうしたらいいのか、試験に受かるための「敵」はどのようなものなのか、それを事前に認識したうえで、効率的で効果的な勉強をしていこうというのが「逆算式勉強法」です。

過去問を確認しないまま、本格的に勉強を始めてしまうと、勉強のスキルはどんどん上がっていって「勉強ができる人間」にはなれるかもしれませんが、**そのスキルが自分の受けようとしている試験に適しているとは限りません。**

しかも、勉強のスキルを身につけると、学校の定期テストでは成績が上がっていくこともあり、それがゆえに自分のテストへの対応力が向上していると勘違いをしてしまい、結果、試験本番では点数が取れずに落ちてしまうといったことになりかねません。

いくら学校の勉強ができたとし**ても、本番試験という「ラスボス」に勝てなければ努力は水の泡**になってしまいます。

入試に適した勉強ができるようになるためには、試験勉強の最後に使う人が多い**「過去問」から逆算し、まず最適な勉強法を探っていく必要がある**のです。

ですから、本格的な試験勉強を始めようと思い立ったら、とりあえず最終目標を知るという意味で、過去問から取りかからなければいけません。

さらに、**過去問を始める前の段階で、まず目標とする大学や学部をはっきり決めてしまう**といいでしょう。大学によって、私立だと学部によっても試験の内容が変わってきますから、そこがぼやけていると過去問を見る手間も増え、目標が定まりません。

大学や学部をしっかり決めたうえで過去問を確認すると、**より ピンポイントに「何をすべきなのか」がわかってきます**。限られた時間を「するべきこと」にしっかりと使うことができれば、他の受験生たちに差をつけることができます。

目標を決めるコツ

ただ、いきなり「どこの大学に入りたいか」「どの学部を目指すのか」と聞かれて、すぐに答えられない人もいるでしょう。

目標の大学や学部を決めようとしても、たくさんある選択肢の中から「これだ！」と簡単には決められないかもしれません。

どの大学や学部を目標にするか決めるコツとしては、**いつ目標を立てるのかという「時期」が一つの重要な要素**になってきます。

例えば、今、中学生だったとしたら、それほど偏差値が高くなくても「東大に入りたい」という目標は十分に現実的だと思います。

中学3年生くらいまでの年齢であれば、偏差値がどの程度であろうと、勉強の方法や努力の積み重ねにより、東大に合格するだけの学力を身につけることは可能だからです。

そのくらいの年齢であれば、純粋に「この大学に行ってみたい」くらいの気持ちで目標を設定してしまってもいいでしょう。

ただ、高校生くらいになってくると、かなり具体的に現実が見えてきます。今の偏差値でこのくらい勉強したら、だいたいこのランクの大学に行けるな……という現実的な要素がかなり入ってきます。

ですから、**高校生になってからの目標の立て方**は、就きたい職業などの将来のビジョンから逆算します。大学によって「こういう分野が強い」「卒業生はこういったジャンルで活躍している」といった強みや特徴が変わってきますから、それを調べて

「将来のビジョンに合った大学」を選ぶという形にするといいでしょう。

私は官僚や弁護士になりたいという将来のビジョンがあったのですが、官僚になりたいとなると、当時調べてみたところ「東大出身でなければ、ほぼ話にならない」という状況であるとのデータを見ました。現在は少し変わってきていると思いますが、キャリア官僚採用試験の合格者は東大出身が圧倒的に多く、かつては2位の京都大学にダブルスコア以上の大差をつけていて、東大は「官僚養成学校」とも呼ばれました。

あと、弁護士についても、私は企業法務という、企業に関連する法務を担当する分野を考えていたのですが、当時そういうところで活躍している弁護士は東大出身者が大半を占めているとわかりました。

だから、私は官僚になるにしても弁護士になるにしても、自分がやりたいことをやるためには「東京大学に入らなきゃいけない」と考えました。それが、私が東大を目指すきっかけの1つになりました。

将来のビジョンに合った大学を見つける方法

逆にいえば、もし商社などに入って外国を飛び回るような仕事がしたいとか、海外で活躍したいといった将来のビジョンがあったら、東大よりも他の大学のほうが向いているという考え方を採ることもできます。

例えば、早稲田大学の国際教養学部だと、授業が完全に英語で行なわれ、海外志向の人にはとても合っているのではないかと思います。

日本の大学は「将来のやりたいこと」によって、それに向いている学部が明確化している印象があります。

ですから、目標設定でどうしても行きたい大学が決まらないというのであれば、高校生くらいになってある程度**「将来やりたいこと」が見えてきたなという段階で、ネットなどで統計をチェックしてみる**という手段もあります。

キャリア官僚採用試験の大学出身別合格者は、人事院が定期的に発表していますが、それと同じように、公的機関などが大学出身別で割合などを公表していることがあるので、調べてみましょう。

本項では、**「逆算式勉強法」が目標を定めたうえで過去問を分析し、そこからやるべきことを逆算する勉強法である**と解説をしましたが、なんとなく「本当に自分にできるのかな」と難しく聞こえたかもしれません。

しかし、実は「逆算式勉強法」のやり方は至ってシンプルです。後述する3つのポイントを押さえればいいだけです。

学校の勉強にも「知識を増やしたりする」という意味で価値があるのはもちろんなのですが、本書で解説している「逆算式勉強法」は、完全に**「試験に受かるためのもの」として割り切った勉強法**です。これをしっかりマスターし、あなたに試験合格へ近づいてほしいと願っています。

「逆算式勉強法」の3つのポイント

【ポイント1】過去問をとりあえず1年分解いてみる

先述したように「逆算式勉強法」は決して難しいものではありません。重要なのは3つのポイントを押さえるだけですから、それをしっかり守りさえすれば、試験合格へと大きく近づけると考えてください。

まず1つ目のポイントは「過去問をとりあえず1年分解いてみる」です。試験勉強を本格的に始めようと思ったら、何も考えずに過去問をとりあえず1年分解いてみてください。これは何度も繰り返すようですが、**入試という「敵」を知るた**

めにとても重要なことです。

過去問をやらなければ、敵の姿がおぼろげなまま戦うことになりますから、あまり効果のないことや無駄なことに時間を使ってしまいかねません。そうならないためには、とにかく最初に過去問を1年分やるべきです。

といっても、過去問を解いただけで何も得ずにいたら意味がありませんから、過去問をやった後に分析をする必要があるのですが、それは後述します。

とにかく四の五の言う前に、いろいろと考える前に、まずは過去問に手をつけることから始めましょう。

【ポイント2】すごく大雑把な計画を立てる

2つ目のポイントは「すごく大雑把な計画を立てる」です。

このポイントで**重要なのは「大雑把」**です。

勉強の計画を立てるとなると、何をするかを細かく決めてしまう人が多いでしょう。

特に真面目な人、完璧主義者の人が陥りやすい行動の1つです。

例えば、何曜日にどの教科を何時間くらいやって……といったもので、綿密な計画を立てると、それだけで力がついたような気すらします。

「何事も計画が大事」といわれるので、勉強でも細かく計画を立てるのは有効だと思われているのですが、その計画を守れる人はどのくらいいるのでしょうか。

おそらく**大半の人は、計画どおりに勉強を進められない**と思います。

科目や問題の得手不得手によって進み具合は変わってきますし、気になる箇所があったら、予定を度外視して集中したほうがいいでしょう。それに私生活の出来事なども含め、イレギュラーな事態は必ず起きます。

そういった要素を踏まえると、試験勉強で綿密な計画を立てるのははっきりいって**「時間の無駄」**です。また、細かく計画を立ててそれを守れないと、なんとなく**自己嫌悪になってメンタルにもよくありません**。

ですから、基本的に「細かい計画を立てる」のはやめましょう。

かといって、試験勉強は無計画に進めていいものではありません。なので、

◎このくらいの時期までに、ここまで進める。

◎だいたい1日何時間くらい勉強する。

このように大雑把な計画を立てましょう。細かく決めなくとも、そういった**必要最低限の計画があれば、それで十分**です。

【ポイント3】勉強時間を記録する

3つ目のポイントは「勉強時間を記録する」です。

大雑把に必要最低限の計画を立てて、実際にそれから勉強をしていくうえで一番大事なのが、勉強時間を記録することです。

勉強時間を記録することによって、いくつもの大きな効果があります。

①勉強の効率化が図れる

そのうちの1つは、**「勉強の効率化が図れる」**ことです。人は無意識に自分の好きな科目ばかりやっていたりとか、やりたくないことは避けたりとか、逆に苦手なことにすごく時間を使ってしまったりとか、誰しも勉強時間の使い方に偏りがあります。
これは人によってそれぞれの癖もありますし、偏りがあるのが普通です。
しかし、そのまま続けていると、時間の使い方の偏りが原因で試験の合格から遠ざかってしまう恐れがあります。

勉強時間をしっかりと記録して、ちゃんと**「見える化」**することによって、自分がどの科目を何時間やったのかということが客観的に理解できます。

そうすれば、得意科目や苦手科目による**勉強時間の無意識的な偏りを防ぐ**ことができるようになりますし、今後の計画も立てやすくなります。

なお、勉強時間の計り方は人それぞれだとは思いますが、私の場合は**「ストップウォッチ」**を使い、トイレに行っている時間とか、少しウトウトした時間などは、すべてきちんとストップウォッチを止めていました。

そうすることによって、**単に机に向かっている時間ではなく、自分が集中できていた時間を算出する**ことができます。

②自分の集中力がわかる

そういったデータがあると、自分は試験勉強でどのくらい集中することができるのかがわかります。それを基に「どの科目にどのくらいの時間を使うと効率的なのか」が理解できるようになり、集中力が切れてしまってもダラダラと勉強して時間を浪費するといったことを防ぎやすくなります。

③客観的な事実で自信がつく

また、メンタル面でも勉強時間の記録はメリットがあります。なぜかというと、勉強時間を記録することによって、**「自分はこれだけ集中して勉強したんだ」**という客観的な事実が積み上がり、それが大きな自信につながっていくからです。試験前に不安になっても、勉強時間の記録を見返すことによって自信が湧き起こるでしょう。

④他人の勉強時間マウントが気にならない

それともう1つ、受験生は友だち同士で何時間くらい勉強したのかといったことをよく言い合うと思います。私が高校生だった頃も、友だちは「昨日12時間勉強した」「私は14時間勉強したよ」といっている人が結構いたのですが、私はトイレやボーっとしている時間などを除いた勉強時間が7時間くらいでした。

普通なら「友だちに比べて勉強時間が取れてない」と焦ってしまいますが、勉強時間を記録していると、勉強に集中していられる時間は限られていて、12時間や14時間といった長時間にわたって集中するのは不可能だと気づきます。もしそれだけ勉強していたとしたら、かなり無駄な時間が多いはずです。

そうなると、**他人がどれだけ「○時間勉強した」と豪語していても気にならなくなります。**集中して勉強できる時間のだいたいの限界を知っているので、時間が多ければいいというわけではないことがわかっているからです。

こうなれば友だちとの「何時間勉強したか」という自慢の会話で精神的に振り回され、メンタルが疲弊してしまうようなこともありません。

ですから、メンタル面が弱いなと感じている人には、客観的な分析効果に加え、さらなるメリットがあるので、勉強時間を記録しておくことがより重要になるかと思います。

逆算式勉強法のポイント

❶ 一年分の過去問を解く

↓

❷ 大雑把な計画を立てる

↓

❸ 勉強時間を記録する

この3つを守るだけで逆算式勉強法を実践できる

【ポイント1】過去問をとりあえず1年分解いてみる

最初は「詳細分析」は不要、意識すべきポイントは？

ここからは「逆算式勉強法」の3つのポイントを詳しく解説していきます。

最初のポイント「過去問をとりあえず1年分解いてみる」については、まずは過去問に向き合ってみるのがとにかく大切で、この時点で過去問を詳細に分析する必要はありません。まだそれだけの実力もないはずですから、まったく歯が立たなかったとしても問題はなく、**あくまで「敵を知る」ということが大事**です。

最終的な到達点を知ることが目的であり、合格点を取ろうなどと思う必要はまったくありません。

しかし、**「だいたいの傾向を知る」**ことが逆算式勉強法を実行していくうえではとても重要となってくるので、ここではそのだいたいの傾向を知るという意味で、科目ごとに**「意識すべきポイント」**を例として挙げながら分析をしていきます。

◎国語

まず国語だと、古文・漢文・現代文の**「問題の傾向」**や**「配点比率」**はどうなっているのかという点。配点比率によって、古文・漢文をどれくらいの精度で勉強しなければならないのかというところが見えてきます。

現代文は「テーマ」が重要で、小説だったのか、それとも時事問題だったかが大きく響いてきます。大学によっては時事問題を頻繁に出してきますが、これは単なる現代文の力だけでは対応しきるのは難しく、テレビやネット、新聞などで社会系のニュースを見ておかないと、きちんと情報を仕入れている受験生に比べて不利になってしまう可能性があります。

逆に日頃のニュースをしっかりチェックしておくと、国語でかなり有利になってくるといったことがありますから、過去問でそれを知るだけでも、**合格に向けての「やるべきこと」**が変わってきます。

あとは東大だと現代文、古文、漢文がすべて出てくるのですが、現代文はいかにもな「ド直球」の小説は出にくく、過去問をチェックすることで、小説の対策はそれほど重要ではないという判断ができたりします。

◎社会

社会の試験科目は複雑で、**試験科目（地理・世界史・日本史）はどのようになっているのか、記述式の大雑把な流れを聞いてくる問題とマニアックな知識問題のどちらが多いのか**といったあたりが、過去問でチェックしておくべきポイントといえます。

例えば、東大の場合だと「地理、世界史、日本史から2科目選びなさい」という特殊な形式だったりとか、1つ選択して解きましょうといった大学もあるのですが、それは**事前にちゃんと調べておかないと、意外と知らないまま時間が過ぎてしまいます。**

また、大学によっては論述が長くても1行くらいしか書けなくて、歴史の全体的な流れを説明できるような知識があってもあまり意味がなく、それよりもマニアックな単語などを知っていたほうが高得点を狙えるケースがあります。

逆に、東大だとマニアックな知識はほとんど問題には出てこず、歴史全体の流れを説明したり、何か1つの観点に着目して論述したりといった力を求められます。そういったことも過去問を1周するとわかってきます。

◎英語

英語は、**リーディング、リスニング、ライティングのどれに重点が置かれているのか、問題が多くて解く早さを求めているのか、問題が少なくて難易度の高さで差をつける試験なのか**といったところが注目点です。

英語はそもそもリスニングがないところもありますし、ライティングにしても英訳なのか和訳なのか、自由論述があるのかどうかといったように、**大学や学部の出題傾向によって勉強法が変わる**と思います。特に、自由論述は対策がしやすいので、その有無は大きなポイントです。

また、問題が多くて**時間が厳しくなる試験**になっているのか、問題が少なくて時間的に余裕はあるが**内容が難しい試験**になっているのか。これも大学や学部により異なります。問題が多い場合は比較的内容が簡単ですから、高度な英語知識をがんばって身につけても無駄になる可能性がありますので、勉強方法をそれに合わせる必要があります。

◎数学

数学は英語と一緒で、**問題が多くて時間が厳しい場合と、問題は少ないけど難しい場合**があります。さらに、センター試験（現・共通テスト）のように、**解き方が指定されているのか、それとも指定されていないのか**によって、勉強法は大きく違ってきます。

解き方が指定されている場合、独特な方法で数学の勉強をしていると、「答えは出るけど途中式が解けなくて減点される」という事態になり、結果的に試験で点数が取れないことになってしまいます。解き方が指定されている場合には、一般的な問題をいかに解き慣れているのかが重要になってくるので、王道の問題やそれこそ過去問の分析を何年分も重ねることがとても有意義です。

科目別でお伝えしてきましたが、過去問でどういった出題傾向なのかをしっかりつかんでおかないと、本番で大変なことになってしまうことはおわかりいただけたかと思います。ぜひ把握しておきましょう。

繰り返しますが、最初は解けなくてもまったく問題ありません。目的は、**出題傾向、配点比率、問題量と時間のバランス、問題のレベル、科目対策など、全体像を把握する**ことです。

【ポイント2】すごく大雑把な計画を立てる

なぜがっちりと計画をつくってはいけないのか？

2つ目のポイント「すごく大雑把な計画を立てる」の解説をします。

過去問を解いて、ある程度どのような問題が出るのかがわかったら、いよいよ本格的な勉強に入ります。このときに計画を立てるわけですが、その立て方がとても重要です。

まず断言しますが、**試験勉強の計画は、絶対に時間をかけてつくってはいけません。**

具体的には**1週間分の計画をつくる**のが効果的なのですが、**「3分」でつくって**ください。それ以上の時間をかけてがっちりつくった計画は、時間の無駄と思ってください。

つまり、**1週間に1回、3分で作成、**そして**メンテナンス**をします。それを**毎週1回実施**します。

私が受験生だった頃、まわりにはすごく気合を入れて計画を立てている人が多くいました。明日はここからここまでやって、その次の日はここまでやってと、とても細かい計画が長々とつくられていて、確かにそのとおりにできれば効果的な勉強計画だとは思います。

しかし、**あまりにも細かい計画を立ててしまうと、1つ決壊しただけですべて壊れていく**というようなことが起きかねません。そうなってしまったら、計画を立ててるために使った時間や労力は無駄です。

ですから、効率的に時間を使うためにも、**つくるのに3分以上かかる勉強計画は絶対に立てないようにしてください。**

「大雑把な計画の立て方」のポイント

試験の合格を目指す人が立てるべきは「大雑把な計画」です。では、どのように大雑把な計画を立てたらいいのかというと、実はそれはとても簡単です。

受験だったら**絶対に終わらせなければいけない参考書や問題集などがありますが、それが何ページあるのかを確認**します。そのページ数がわかったら、**それを試験本番までの残りの月で割って、月あたりどのくらいやればいいのかを算出し、終わるまでに必要な期間**を出します。

このときのポイントは、**試験日から3カ月くらいは余らせるような計画を立てること**。1月が試験本番だったら、前年の10～11月に終わるような計画にします。計画どおり進まず遅れることがありますし、最後に総復習する時間と余力もほしいからです。

そのうえで**「じゃあ○○は1週間でこのくらい進めよう」「○○はこれぐらいやっておこう」**といったように大まかな計画を立てていきます。

例えば、私が司法試験の勉強をしていた頃は、このような感じでした。

「5月1日　月曜日　刑法50ページまで暗記、民法の問題集15ページまでやる。会社法の最初の1章読んでみる」
「5月8日　月曜日　刑法70ページまで暗記、民法の問題集先週のところ復習する。会社法15ページまで暗記」

あえて無茶な計画を立てる

基本的に、頻度としては**週に1回3分**だけで、かなり大雑把に計画を立てていました。この司法試験の勉強もそうなのですが、私の場合は**あえて少し無茶な計画を立てる**ようにしていました。

確実にできるレベルで計画を立ててしまうと、できなかったときに「遅れてしまっている」という焦りにつながっていきますし、一度遅れてしまうと、どこかで無理して帳尻を合わせる**必要**が生じてきます。

しかし、背伸びをした計画を立てていると本来は「できなくても仕方ない」ので、1日単位で達成できなくても、計画的にもメンタル的にも大きな問題はありませんし、常に少し背伸びをしていることになるのでその積み重ねで余裕が生まれます。

逆に、無茶だったはずの計画が意外とできてしまうことがあり、そうなると、自分の勉強をすることができる能力値を最大限に引き出すことが、今後の計画を通じて可能になります。

ですから、さまざまな意味で計画は綿密に立てるべきでなく、**「だいたいいつまでに何をしないといけないのか」を把握する程度**で構いません。

私はとても心配性なので、実は受験生時代はすごく緻密な計画を立てて試験勉強に臨みたいと本当は思っていました。

最終的に大雑把な計画のほうがいいと思ったのは、1週間単位で考えても「今日は50ページやろう。でも、もし今日の分がすべて終わらなくても、ちょっとページ数が多すぎて無理なスケジュールだから大丈夫だよね」といった感じで、**心に余裕が生まれるメリットがある**とともに、結果的に「ここまでしかやらなくていい」と**自分の本来できる能力に蓋をせずに最大限を引き出すことができるようになった**からです。

心やスケジュールの余裕があると、最後までがんばれる気力の維持につながります。

逆に、綿密な計画を立てると、それが崩壊したときにメンタルが削られ、試験勉強を続ける気力まで失われてしまう恐れがあるうえに、本来はもっとできるような日についても無意識に精神面でもうやらなくても大丈夫という限界値を引いてしまうことにもつながりかねません。

大雑把な計画で進めていくと、かなり余裕を持って終わるようになっているため、**早く勉強を進めてこられたという自信にもつながります**。そうすると精神的にとても落ち着くので、試験本番に向けていい状態が保てるでしょう。無理せずに自分に無理を強いることにも通じますので、キャパシティもどんどん増えていきます。

ですから、まわりの受験生たちが綿密な計画を立てていても、それに惑わされずに「大雑把な計画」を立ててください。

【ポイント3】勉強時間を記録する

記録を取ることの重要性

3つ目のポイント「勉強時間を記録する」については、勉強の時間配分の「見える化」や、周囲に惑わされずにメンタルが落ち着くなどといったメリットが期待できると先述しましたが、これは重要度が高いポイントなので、どのようなやり方なのかを補足説明します。

私はまず**勉強時間を記録するための専用のノートを用意**していました。ノートで上のところに世界史、地理、英語といったように自分が受験をするのに必要な科目を書いて、その横に合計という欄を設けて、勉強したらその都度ストップウォッチで時間

	数学	世地	古漢	現文	英語	化生	
11/12 (土)	数学30分	+ もし		漢字11分			41
11/13 (日)		世界史25分 地理45分		漢字10分			80
11/14 (月)	センター65分 TODAI 27分	世界史34分 地理62分		漢字10分			198
11/15 (火)	センター76分			漢字11分	(世界史ゼミ)		87
11/16 (水)	センター28分	TODAI 120分 世界史27分 地理56分		漢字12分			249
11/17 (木)		世界史55分	漢文20分	漢字8分 現文88分			171
11/18 (金)		世界史38分 地理35分 世界史17分		漢字11分			101
11/19 (土)	TODAI 15分	世界史31分 世界史27分 地理17分		漢字10分 センター68分 センター35分		生物21分	
11/20 (日)	([illegible] 210分)	世界史100分 世界史37分		漢字8分			355
11/21 (月)	TODAI 6分	(TODAI 95分) 世界史48分	TODAI 60分	漢字9分			
11/22 (火)		世界史17分 世界史90分 世界史19分	古典10分	漢字11分 センター54分			201
11/23 (水)	TODAI 20分	[illegible]史15分	([illegible] 210分)	センター80分 センター90分 漢字10分			425
11/24 (木)		世界史95分	古典16分	漢字9分			121
11/25 (金)	TODAI 38分	世界史72分 地理54分 世界史34分	古典9分 古典20分	漢字10分 センター80分 センター51分 センター46分			412

勉強した時間をノートに記録する

日付	数学	世界	古漢	現文	英語	化生
10/25		(数学 115分) 世界史 41分 地理 61分		漢文 11分		20分
10/26		世界史 40分 地理 25分 12分		漢文 11分		
10/29(土)	センター 59分 センター 68分	世界史 18分 世界史 35分				生物 10分×ア 化学 99分 49分
10/31(月)	TODAI 41分	世界 46分 地理 60分	漢文 17分	漢文 11分		
11/1(火)	一橋 19分		漢文 20分	漢文 12分		
11/2(土)		世界史 50分 地理 59分		漢文 11分		120
11/3(木)	一橋 53分	世界史 79分 地理 63分 世界史 12分 世界史 14分 地理 100分 地理 60分	漢文 22分	漢文 10分 センター 80分 センター 10分		489
11/4(金)		地理 59分 世界史 43分		漢文 12分		
11/5(月)	TODAI 100分 10分	地理 40分 世界史 30分	古典 15分	漢文 10分		125
11/6(火)		地理 90分 世界 60分	古典 15分	漢文 10分		180
11/9(水)	TODAI 18分	世界史 45分 地理 60分	古典 30分	漢文 9分		162
11/10(木)	TODAI 66分	世界史 28分 センター 42分 世界史 41分 地理 42分	漢文 8分 漢文 10分 古典 30分	漢文 9分	生物 22分	298
11/11(金)	TODAI 30分	世界 46分 地理 60分		漢文 10分		146

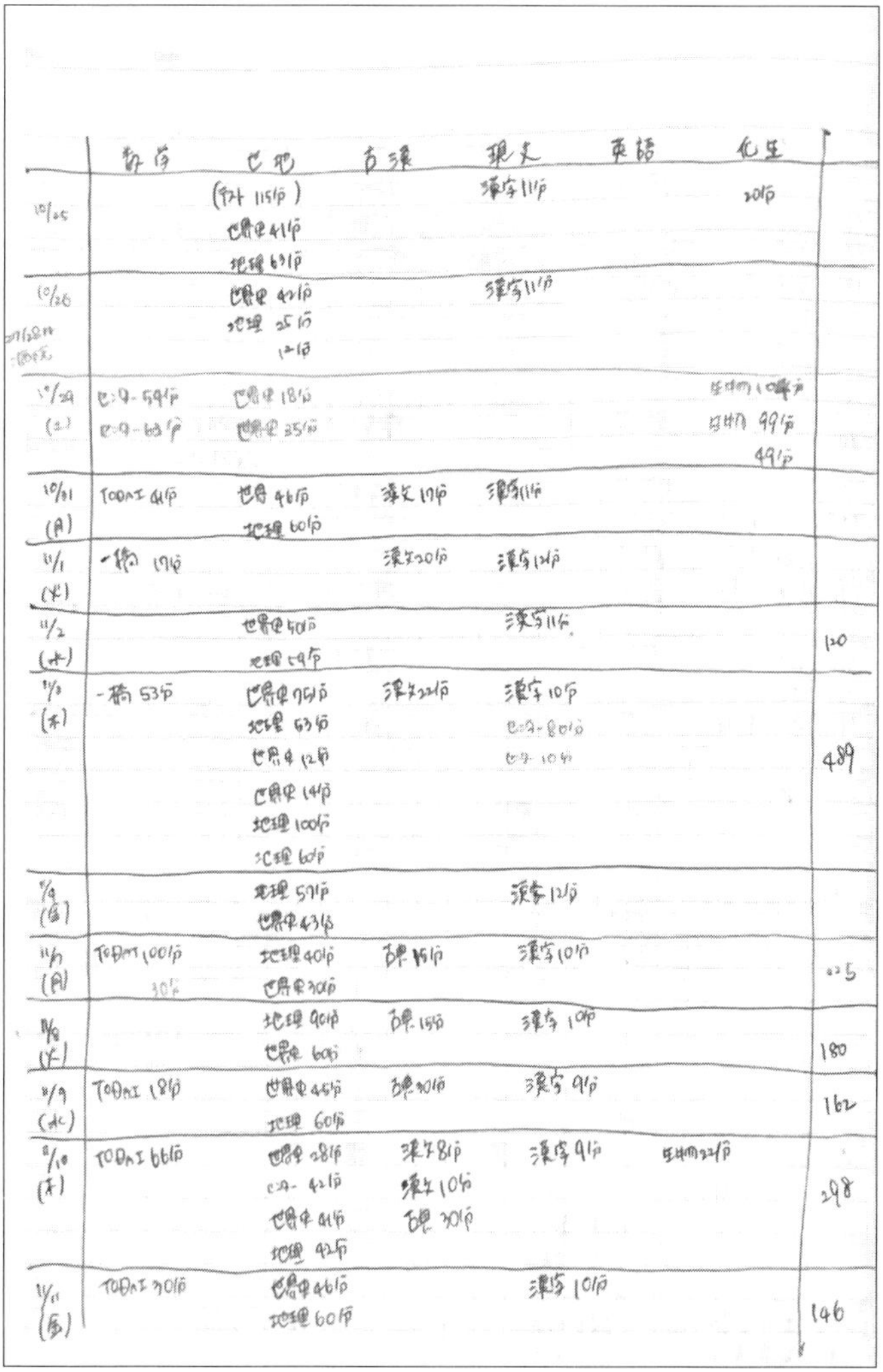

ノートに勉強した時間を記録することでメンタルを安定させることができる。

を計り、それぞれの勉強をした時間を記入していくだけという、とてもシンプルなものでした。

ただ単に時間を書くわけではなく、例えば、世界史で参考書を読んだら「参考書を読んだ、30分」とか、数学なら「チャート式解いた、30分」といったような感じで、**勉強した時間とともに、軽くでいいのでその日にやったことを書き残しておきます。**そして、その日の寝る前などに、すべての科目を集計して合計を書いていました。

私の場合はかなりマイナス思考で、受験勉強中は毎日反省ばかりしていましたので、科目ごとに時間とその日にやったことを書くところに「今日はあんまり集中できなかった」「今日遊んでしまった」といった反省点のようなものを、軽くメモをしたりもしていました。

自分の実体験としては、この記録を取るようになってから、**勉強時間の偏りがすごく減っていった**と強く感じています。

勉強時間の記録を始めて2週間くらい経った頃、記録を見返していたら、世界史ばかりやっていることがわかりました。世界史の参考書ばかり読んだりして、自分が楽しいと思ったところに没頭したりしていたのです。

おそらく、勉強をやりたくないという気持ちから、楽しい部分に逃げていたらしく、本当にそれしかやっていなかったりとか、自分の好きな数学の参考書だけをやっていたりとか、自分にとって居心地のいいパートだけに集中していたのです。

その記録を見たときに**「こんなに私って偏った勉強をしていたんだ」**ということがすごく実感できました。これは**勉強時間を記録して、客観的に見ないとなかなかわからないこと**ではないかと思います。

この勉強時間の記録を参考にして、好きなところばかりやらないように意識的に時間を配分するようになり、勉強の効率が大きく上がりました。

勉強時間の記録で、自分のクセがわかる

また、「勉強中に集中していない時間がどれくらいあるのか」とか、「この曜日は集中できていないことが多い」とか、「こういうときは集中が切れやすい」とか、自分のクセのようなものも見えてきます。「何か疲れるような用事があった次の日は勉強

にあまり集中できていない」といったこともわかります。

そのようなことが「見える化」されると、今日こういうことをやったから、おそらく明日は勉強にあまり集中できないなとか、そうした**予想も立てられる**ようになります。

これは、先述した大雑把な勉強計画を立てる場合にも役立ちます。1週間の計画を立てるときに**「今週はこの予定があるから、あまり集中できない日があるので、そんなに無理しないでいい勉強量にしよう」**といった調整ができるのです。

勉強時間の記録の蓄積ができればできるほど、自分の特徴がわかるので、勉強時間の配分にしても、勉強計画にしても、**精度が上がっていきます。**

常に「ストップウォッチで勉強の時間を計り、それを記録する」というのはめんどうなようにも思えますが、とても大きなメリットがありますので、毎日の記録をつけることは絶対にやってほしいところです。

また、先述したようにメンタル面においても大きなプラスがあります。私はかなりマイナス思考だといいましたが、勉強時間を記録していなかったらまわりの「昨日は

12時間勉強した」といった言葉に流され、自信を失って「自分も12時間やらなければ」とペースを乱されていたと思います。

しかし、勉強時間を記録するようになったことで**「人間が集中して勉強できる時間は限られているので、勉強は時間の長さが重要なのではない」**とわかり、メンタル的にとても落ち着きました。

勉強の計画は大雑把でいいのですが、勉強時間の記録はきっちりやりましょう。それが試験合格への近道になり、なおかつ精神的にも大きなプラスがあるのですから、最も重要なポイントといえます。

参考書&問題集は、「半逆算式」で活用する

半逆算式が最も効率的

勉強の計画を立てたら、いよいよ本格的に勉強を開始するわけですが、その勉強の中身はもちろんとても重要です。そのうえで必ず誰しもが利用する参考書と問題集をどのように使うのかというのは、受験勉強における重要な要素であり、迷いやすいところです。

私の考えとしては、**参考書と問題集の使い方においては「半逆算式」が最も効率的で理解が進みやすい**と思います。

「半逆算式」といわれてもピンとこない人も多いかもしれません。「半逆算式」がど

ういうものかというと、具体的には、**最初に参考書を軽く1周し、それから問題集に進んで、再び参考書をやる**という順番のことです。

なぜ「半逆算式」と名付けたかというと、過去問の場合と異なり、**問題集から入るのではなく、一度は軽く参考書に目を通してほしい**からです。ここでのポイントは、目を通すのは**「軽く」でいい**ということです。

参考書を完璧に理解してから問題集をやるべきだという考えの人がとても多いように感じます。

参考書を完璧に理解してから問題集に進むというやり方は、本当にそうできるのなら理想なのでしょうが、参考書はわかりやすくまとめられているとはいえ、そう簡単に理解をすることができるものではありませんし、人間は忘れる生き物です。完璧に理解をしようとすると、長時間かかる可能性が高くなります。

ですから、**まずは軽くでいいので参考書を1周**しましょう。本当に短い時間で簡単でいいのです。数学にしろ、世界史にしろ、完璧じゃなくていいので、参考書をひと通りやって、**どういう事柄が登場しているのか等、ある程度の知識を身につけましょう。**

参考書で理解できていない箇所があったとしても構いません。

とにかく参考書を1周して、ベースとなる知識を得たうえで、その後に問題集をやるのです。そしてまた参考書に戻るので「半逆算式」と呼んでいます。

問題集を先に見ても、まったく知識がない状態だと到底解けるはずがありませんし、どのような知識が出てくる可能性があるのかもわからないので、あまり意味をなしません。

ですが、まず参考書を1周しておけば、その科目の全体の幅がわかってきますし、基本的な知識も身につきますから、**問題集をやったときの効率が大きく変わってきます。**全体像が見えてくれば、今後の見通しも立てやすくなるでしょう。

問題集をやる意味

ちなみに、繰り返しになりますが、一番先に手をつけるべき過去問は、試験に向けた最終目標でもあって、「絶対に解かなければいけないもの」です。

しかし、問題集は「本当に試験に同じような問題が出るのかはわからない」というものなので、問題集が解けたからといって、それで試験に合格できるようになるのかといえば、そこは保証できないといえます。そこが過去問と問題集の重大かつ決定的な違いといえるでしょう。

では、問題集をやることにどんな意味があるのかというと、**この分野でどのような問題が出るのか、出題側がどんな問題を出したがっているのかといった傾向を理解する**ことができるようになります。

問題集をやってそのようなことを理解し、それを踏まえたうえで、もう1回参考書に戻ると、「こういう分野って、ああいう問題を出したいわけだから、このポイントが重要だよね」とか、数学だったら「これってこういう答えを出してほしいから、こういう方程式がここに書いてあったんだ」といったことが見えてきます。

ある意味で**試験の「裏側」が見える**ようになってくるわけです。

これがわかるようになると、**出題側の視点や思考がわかってくる**ので、**どこを重点的に勉強すべきなのかを理解できる**ようになります。

どう勉強に取り組んでいくかという全体的な方針にもつながってきますから、試験勉強においての肝となるものです。

合格の確率を上げていくためには、**こうした傾向や出題側の意図は、最も理解しなくてはいけないもの**といっても過言ではないでしょう。

そういう意味から、

「参考書↓問題集↓参考書」

の順番でやってほしいと思っています。

もちろん、問題集からやったとしても、それがまったくダメというわけではありません。ですが、まずは参考書から始めて、ある程度の知識を入れておいてから問題集に取り組んだほうが格段に効率が上がります。

試験勉強の時間は限られており、みんなその時間内で必死に勉強しています。

そんな中で、**他の受験生たちに差をつける**ためには、このようなところで効率化を進められるのかどうかが、大きく結果に影響していきます。

ですから、すごく簡単でいいので参考書を1周し、それから問題集をやり、再び参考書という「半逆算式」の順番でやりましょう。

合格率を上げる「参考書」の使い方

知識すべてを参考書に一本化する——ノートとの違い

参考書は**「やらなければならないことのすべてが詰まっているもの」**と私は考えています。ですから、知識は参考書に一本化し、知識を覚えるために必要な語呂合わせや、派生して覚えておきたいことなどは、全部参考書に直接ペンで書き込み、**知識のすべてを参考書にまとめるべき**です。私は直接書き込むだけでなく、大きめの付箋も多用していました。

そうやって**「これさえすべて覚えていればわからないことは基本的にない」**というような状態の参考書を、自分でつくり上げていくことが重要です。

問題集を解いているときに派生知識などが出てきたら、ノートに書くという人が多いとは思うのですが、例えば世界史で難しい単語が出てきたら参考書にボールペンで書き込み、図や地図がほしいと思ったら大きめの付箋を貼って書き込んだりします。

ノートは学校や塾の授業、参考書の中などから**本当に大切なところをピックアップしてまとめる**ものです。それ以外でノートに記載するのは、基本的に自分の暗記に役に立つものだけに留《とど》めたほうがいいでしょう。なので、**ノートは暗記するための「材料」**というイメージになります。

参考書にマーカーを引くタイミング

参考書の使い方としては、重要だと思った箇所にマーカーを引いて目立たせたり、暗記のために隠したりといったことをしている人が多いのですが、私は絶対にそのように使うべきではないと思っています。

マーカーを使っていいのは、本当に追い込みの時期、**試験までのラスト一カ月だけ**です。

参考書は「すべて覚えるべきもの」ですから、逆にマーカーで強調する箇所はありません。**すべてが重要**だからです。

もし追い込み以外の時期に参考書にマーカーを引いてしまうと、**自分の中で重要性のバイアスがかかってしまう**ので、無意識に「私はこれがわかっていないからちゃんと覚えないと」と、そこばかり気にしてしまいます。

そういった**バイアスは参考書を使ううえで勉強の妨げ**になりますし、マーカーを引いてしまうと参考書がごちゃごちゃして覚えにくくなります。

マーカーを引くのであれば、試験本番まであと1カ月前という時期だけにしましょう。その時期に「本当にこれは覚えていなかった」「ここはどうしても苦手だ」という箇所にだけ引いていくのです。それであれば効率よく、マーカーを使って最後の追い込みとなる勉強ができるでしょう。

参考書は最低でも3周する

参考書の選び方で迷う人も多いと思います。学校で参考書が配布されると思うのですが、私は基本的に、**追加で他の参考書を買う必要はさほどない**と考えています。

国が認可しているような**メジャーな参考書を1冊ベースにして、それ以外はあまり冒険しないのが大事**だと思います。ある程度、ベースの参考書で勉強が終わった後、どうしても苦手なところだけ補完したいという場合に他の参考書を買うのは有効だと思いますが、それも参考書というより問題集として使うというイメージがいいでしょう。あくまでベースは、基本的なことが網羅されたメジャーな参考書です。

試験勉強の序盤から参考書を2冊使うと、どちらもフルに使おうとしてしまいます。人間は理解しやすいところに意識が向いてしまう傾向にあるので、参考書が2冊あってもわからないところはどちらも残してしまい、それなのに基本と補完の2冊をやったことで「やったつもり」になってしまいます。

ですから、**ベースの参考書はひとまず1冊に絞り、補完的な参考書は問題集のような位置づけ**で扱うことをおすすめします。

参考書は、少なくとも3周はしましょう。1周目はわからないところが残っていても進むことが大事です。最後までやらないと理解できないところが多々ありますから、

1周目の最大のポイントは「絶対に止まらないこと」です。その代わり、私はわからなかったところに星マークをつけていました。

それから問題集をやり、**参考書の2周目は問題集を見ながらやります。**1週目で星マークをつけたところに差しかかったら、問題集を引っ張り出してきて、どんな問題が出ているのかを確認しながらやるのがおすすめです。

3周目からは同じように問題集を見つつ、しっかり「関連付け」していくことを意識してやります。「参考書がなぜこの順番で書かれているのか」ということが理解できて、自分の中で「この箇所はここと関連しているんだ」ということが見えてきますから、独自の覚えるための視点が生まれてきます。

3周目からはそういった意識を入れていくのがポイントなので、本当に**参考書は最低でも3周以上はする**ようにしてください。

合格率を上げる「問題集」の使い方

問題集もまず1周やって、最低3周はやる

参考書に続いて、ここでは問題集の使い方を解説します。問題集も参考書と同じく、**最初は「まずは1周やってみること」**がとても大切です。

1周目は普通に問題を解いていって、解説の内容を見て自分が納得できたなら、それでOKです。この段階では、特別なことをする必要はありません。とにもかくにも、まずは問題集を1周してみることが大事です。

問題集の2周目に入ったら、やるべきことがあります。**1周目で間違えて解説を見**

て2周目でも間違えた問題には、「できなかった」とわかるような印や記号をつけて、もう一度チャレンジすることにします。私の場合は、間違えた問題に「M1」（もう一度の略）と書いていました。

3周目をやる頃には、スケジュール的にすべての問題を解いている余裕がなくなってくると思いますので、**2周目で間違えて記号や印をつけた問題だけをピックアップし、それを集中的に解いていきましょう。**

それでも間違えてしまった場合、私は「M2」といったように数字を増やして書き、**その問題を何回間違えたのかがわかるようにしていました。**

そうやって何度もチャレンジし、問題につけた「もう一度」の記号や印がなくなるまで解き続けて、苦手なところをなくしていきます。

最後にもし試験までの時間があれば、最初の頃に解けた問題でも忘れていることがありますので、復習という意味合いで、もう一度軽く全部の問題を解くことができたら、とても効果的な問題集の使い方になると思います。

問題集を繰り返しやっていくうちに、解き方のコツや知識が得られるかと思います。

知識は参考書に一本化したほうがいいので、横に参考書を置いて問題集から知識やコツを得られたら、参考書に書き込みましょう。

間違った理由は問題集に書き込む

問題集は1周目と2周目で同じ問題を間違えても、異なった間違え方をしていることがあり、私はその場合、そのときに**間違えた理由を問題集に書き込んで**いました。参考書に書いても、問題とセットじゃないとわからなくなってしまうからです。

1周目と2周目で間違えた理由が異なっている場合、それが解き方のコツや知識につながることがありますから、**間違えた理由は問題集に書き込んで、そこから得られた解き方のコツや知識は参考書に記入**します。

また、**問題の解説を見て「なるほど」と納得できるポイントがあったら、私はそれを参考書だけでなく問題集のほうにも書き込んでいました。**

そうすることによって、あとから復習で問題集をパラパラと見返したときや、2周目以降をするとき、問題の理解度を深めるのに大いに役立ちますから、できれば問題集にも書いておいたほうがいいでしょう。

基本的に、参考書はベースとなる1冊に絞るべきと書きましたが、**問題集は複数冊やってもいい**と思います。試験勉強で解く問題については、ある程度幅広いものに触れておいたほうが圧倒的に有利になるからです。

問題集が1冊だけだと、その本によって問題の傾向にバイアスがかかっていたり、問題の解説が自分に合わないタイプだったりすることがあります。

そうなると、その問題集をずっとやり続けても勉強があまり進まなかったり、**掲載されている問題が偏りすぎていて幅広い問題に対応できない**といった事態になる恐れがあり、勉強が非効率になってしまいます。

ですから、自分の持っている問題集に何かしら不安や不満があったり、もっといろいろな問題をカバーしたいといった気持ちがあったりしたら、新しいものをどんどん取り入れてもいいでしょう。

もちろん、自分にすごく合っていて内容も申し分ないような問題集だったら、1冊に絞っても構いません。しかし、それほどの問題集に出会えるかどうかはわかりませんし、**参考書とは違い、問題集は1冊に絞ることにこだわる必要はありません。**

また、**問題集の答えをノートに書いている人は多いでしょうが、私は裏紙に**書いていました。誰かに見せるものではありませんし、思考を整理しながら、いろいろ実験しながら問題を解いていったので、そうなるとノートだとやりづらいという事情があり、**裏紙に殴り書きのように書いていました**。提出する必要がある場合はノートにきれいに書いたほうがいいですが、そうでなければ丁寧さに気を配る必要のない裏紙などに書いてその日の間だけでも保管しておくと、視覚的に「これだけ勉強したんだ」という自信が湧いてくるのでおすすめです。

「問題集」を選ぶポイント

自分に「合う・合わない」が判断基準

問題集を選ぶときは、いい問題集に当たるように吟味して時間を費やしたり、ネットの評判をすごく調べたりといったことがありますが、正直なところ、問題集の質にはそれほど大きな差はありません。

ある程度の特徴や傾向はありますが、買った問題集が「まったく使い物にならない」といったケースはほとんどないでしょう。

極論、**問題集については「何でもいい」**とすらいえます。しかし、問題集は質の差はそれほどなくとも、**解説の書き方などが個人によって「合う・合わない」という可**

能性が高く、ものによってはどうしても理解できない……ということもあり得ます。

これは「いい・悪い」の話ではなく、「合う・合わない」の話なので、**ネットの口コミなどは他人の評価であり、あまり当てになりません。**

では、どうやって「合う・合わない」を見極めるのかというと、私の場合は本屋さんに行って**中身を直接見てから買う**ようにしていました。

選ぶ際のポイントとしては、まず本屋さんで問題集を開いてみて、数ページ読んでみます。最初の2～3問を見ればだいたいの難易度がわかるので、**自分にとって簡単すぎないものが購入候補**になります。

問題集をある程度続けて読んでみて、

「解説の文章がすんなり入ってくるか」「解説の分量はどれくらいあるのか」「どういう形で問題に沿って解説をしているのか」

といったことをチェックします。

ただ、問題集を買おうとしている段階では、おそらく解説を読んでも「いい解説なのか、悪い解説なのか」ということを判断するのは難しいでしょう。

私の場合は、**苦手科目の問題集は解説が長いもの**を選びました。ある程度長い解説だと、あっさりした短い解説に比べて、読んでいるうちに理解できるようになる可能性があるからです。

一方、得意科目はどんどん問題を解いていきたいですし、あまりにも長い解説があると、要点に辿り着くまでに時間を費やしてもったいないという意識がありました。

ですから、**得意科目に関しては本全体のうち、解説の文章よりも問題の割合が大幅に多いもの**を選んでいました。

問題集は実物を必ず確認

問題集によっては、「長々とした解説があって問題が出てくるタイプ」と、「問題中心の構成になっているタイプ」があります。これは好き嫌いが分かれるでしょう。得意科目なのか、苦手科目なのかによっても異なってきます。これも本屋さんで実物を読んでみれば、その問題集がどのタイプかわかります。

このようなチェックは実物を読んでみないとわからないことばかりなので、**ネットで問題集を買うのはおすすめしません。**最近は本屋さんが少なくなっていますが、実物が置いてあるお店を探して、自分の目で確かめてから買うようにしましょう。

ここで挙げたような観点から、**自分にできるだけ合った問題集を選んでほしい**のですが、先述したようにどの問題集もそれほど大きな差があるわけではありません。

問題集選びにこだわりすぎて、どれを買うか迷ってしまって時間の浪費になってしまったらいけませんから、先述した**ポイントをチェックしつつ、それほど深く考えすぎずに買ってみて、とりあえずそれをやり切ってみましょう。**

第3章

過去問で傾向とパターンをつかむ方法

――無駄にしないための「過去問」活用術

過去問を早めにやってしまうのは、もったいない？

そんなにギリギリにやって、未勉強の箇所があったらどうするの？

私が受験生だった頃、まわりの受験生を見ていると、「過去問は最後まで取っておきたい」という人が多かったように思いました。

この本は「逆算式勉強法」を提唱していますが、それでも「過去問は最後の仕上げとして試験直前まで残しておきたい」「早めにやるのはもったいない」という固定観念が拭《ぬぐ》えない人は少なくないのではないでしょうか。

その認識は絶対に変えてください。私はむしろ、**過去問を試験直前の最後まで残し**

ておくほうが、はるかにもったいないと断言できます。

例えば、試験の1カ月くらい前に勉強がすべて終わって、最後の1カ月は過去問に取り組む期間にするという人がかなりの割合でいます。

もし過去問をやってみて、合格点が取れなかったらどうするのでしょうか。そのまま過去問を何度も解き続けたところで、合格点に達するのは難しいでしょう。

過去問で合格点を取るためには、今まで勉強してきたところだけでなく、これまでカバーしていなかったところまで見直す必要が出てきますが、あと試験まで1カ月しかない状況ではまず間に合いません。

過去問を早めにやっていたら、数カ月前には合格点を取れるようになっていた可能性が高く、慌てるようなことはないでしょう。

先述しましたが、過去問をやることで試験の出題傾向をつかむことができます。これは非常に大事なことで、**出題傾向に合わせてピンポイントで勉強**したほうが効果的で、間違いなく合格への近道になります。

最後に過去問ができなくて、ドタバタになることもありません。ですから、過去問は最初の段階で手をつけたほうが、圧倒的に効率がいいのです。

また、**過去問の直近3年分あたりについては、試験で同じ問題が出る可能性はほとんどありません**から、そういう観点から見ても、過去問を早めに使うことにまったく問題はありません。

ただ、メンタル的な問題で「どうしても過去問を最後に残しておきたい」「最後にやらないと不安」という人もいるでしょう。

その場合、私のおすすめの方法としては、最新の1年分のものだけは取り置いておいて、それは試験直前まで触らないようにします。それを除いた**2年前以前（できるだけ新しいもの）の過去問**をやってください。そうすればメンタル的にも「過去問をやっても1年前の過去問は最後まで取ってあるから安心」というように落ち着いてくるでしょう。

過去問は唯一の「平等に与えられる教材」

過去問は「受験生すべてに平等に与えられる教材」といえます。参考書や問題集はたくさん選択肢があり、それぞれ別のものを使っているでしょうが、過去問は同じものしかありません。これは試験を乗り越えられるかという意味で、使い方によって一番差が出るところだと思います。

だからこそ、単純な「実力試しのために試験直前のラスト1カ月まで取っておこう」という使い方ではなく、**早めに取り組んでもっと活用してほしい**のです。極端なことをいえば、高校1年生の段階で過去問を見ておくのもいいと思います。**過去問を始めるのは、早ければ早いほどどいい**でしょう。

その場合、最初は「よーし、過去問を解くぞ！」と意気込みすぎず、目標となる試験ではどんな問題が出るのか、どんな能力を求められているのか、全体的にどんな雰囲気なのか、といったことを知ろうとするだけで構いません。

過去問はそれくらい気軽に始めていいものなのです。仰々しく最後まで取っておいて、参考書で試験の傾向とは違った知識ばかり取り入れてしまい、いざ過去問をやってみたらまったく点数が取れませんでした……といったことになったら、せっかく今までやってきた勉強が無駄になりかねません。

例えば、運転免許の試験は同じ問題が出やすいということもあって、まず過去問をやって対策するという人が多くいます。それなのに、大学受験や国家試験となったら、過去問は最後まで取っておくべきものなんだという固定観念が広まっているのは「なぜだろう」とずっと疑問に思っていたことでした。

過去問は、使い方次第でライバルたちに大きな差をつけることができるものです。それを「試験直前まで触らない」というのは、どう考えてももったいないのです。

ですから、**とにかくもっと気軽に、何はともあれ最初に手をつけるべきものという認識**で過去問を扱いましょう。

いつ「過去問」をやるべきか

いつ始めて、どれくらいやればいい？

過去問をやるのは早ければ早いほうがよく、最後まで取っておくのは非常にもったいないということは理解していただけたかと思います。

「誰しもに平等に与えられる教材」である過去問の使い方が、ライバルに差をつけることにつながり、合格の可能性にも大きく影響していくこともわかっていただけたのではないでしょうか。

次にここでは、過去問をいつくらいに始めて、どのくらいやればいいのか、についてお話しします。

私が考える目安としては、**試験勉強を始める前に1年分、試験勉強がある程度進んだら3年分の過去問をやるべきだ**と思っています。

ここでいう「試験勉強を始める前」というのは、本当にいつでもいいと思っています。例えば、高校1年生のときにやろうと思ったら、その段階で1年分の過去問をやってしまってもまったく構いません。

過去問を始めることにおいては、**遅すぎることはあったとしても、早すぎることは決してない**のです。

高校3年生になってから過去問を始めようと思った場合でも、まずスタートの段階では「とりあえず1年分をやってみる」ということが重要です。

1年分の過去問をやるのは、**とにかく試験の出題傾向をつかむため**です。傾向がわからないと勉強の方向性が定まりません。ですから、勉強を始めることになったら、まずは1年分やってみましょう。

1年分の過去問をやってわかった傾向を踏まえたうえで計画を立てて、参考書や問題集を使い、傾向に沿った勉強をしていくことになります。

そうすることによって勉強の効率が大きくアップしますから、まず**「過去問をやる**

のは1年分から」と覚えておきましょう。

過去問3年分やることで見えてくるもの

次に、試験勉強がある程度進んだ段階で3年分と書きましたが、この「ある程度進んだ段階」についてです。

「ある程度進んだ段階」とは、例えば**参考書および問題集をしっかり1周してみた**あたりです。受験本番までの時期でいうと、もちろん早ければ早いほどいいですが、**半年くらい前までだと望ましい**と思っています。

参考書を1周というところまでいっていなくとも、それなりのところまで読んだとか、そういうレベルになったときが「ある程度進んだ段階」といえるでしょう。

参考書をそれなりに進めて、基礎となる部分を身につけ、**これから本格的に受験へ向けた勉強をしていこうという時期**といえます。

必要な知識はとりあえず仕入れたところで、過去問を3年分やってみましょう。なぜ3年分なのかというと、それくらいやらないと、具体的に試験でどのような問題が出るのかという**傾向がつかめないから**です。例えば、確率の問題が3年連続で出ているとか、そういったことは1年分や2年分ではわからない部分です。

また、3年分くらいやると、**自分はどのくらい解けるようになっているのかということも理解できて、現在の実力が測りやすくなります。**

ですから、試験勉強がある程度進んだ、遅すぎない段階で過去問を3年分やることが非常に大切になってきます。

過去問を解くにあたっての心構え

模試と過去問、どっちが重要?

過去問を早めに使うのは、もったいなくないと先述しましたが、使い方や環境によってはもったいないことになってしまいます。

過去問は、試験本番に限りなく近い状況で問題を解けるチャンスとなる唯一の教材です。

本番に近いものなら模試があるじゃないかと考える人もいると思うのですが、誤解を恐れずにはっきりいってしまうと、**模試は本番の試験とは似て非なるもの**で、かなり「悪問」が多かったりするのです。

ですから、模試が試験本番に向けた実力試しになるのかといわれると、少し微妙なところがあるといわざるを得ません。

しかし、過去問は文字どおり、過去に本番の試験で出題された問題によって構成されています。**「本番に限りなく近い状況を疑似体験できる」という意味では、過去問以上のものはない**のです。

ですから、**過去問は使い方を間違って無駄にするようなことは絶対にしてはいけない教材**だといえます。

過去問を最大限に生かす使い方

では、どうすれば大切な教材である過去問を最大限に生かすことができるのでしょうか。過去問の効果を高めるうえで最も大切なのは、**問題用紙と解答用紙を試験本番と同じサイズに印刷する**ことです。

その理由としては、同じサイズに印刷することで、**本番とほぼ同じ環境を体感する**ということが挙げられます。

もう1つの理由は、**記述式の問題だとどのくらいの量を記述できるのか、**解答用紙のサイズによって大きく変わってしまうからです。本番を疑似体験するのであれば、実物大の解答用紙でなければあまり参考になりません。

例えば、私が受験した当時は、東京大学の国語は解答用紙に線が引いてなくて、ただ白い四角があって「この中に解答を書きなさい」という方式でした。

それだと解答用紙をノートのサイズで印刷したのか、本物のサイズで印刷したのかによって、**書き込める字数がまったく変わってきます。**東大の試験は文字数について厳しい傾向があるので、間違ったサイズで印刷したものを使って「このくらいの長さで書けばいいんだな」と思っていたら、本番で書ける字数が半減して焦った……ということになりかねません。

これでは過去問の「本番を疑似体験する」という効果が大きく落ちてしまいますから、解答用紙は実物大に印刷しなくてはならないのです。

また、**問題用紙に関しても、余白にどのくらい計算を書けるのか**といったあたりでサイズで異なってきますから、やはり実物大でやるべきです。

実物のサイズについては、過去問の本に「実際の問題用紙のサイズ」「実際の解答用紙のサイズ」が明記されている場合があるので、そういったものを参考にして印刷するようにしましょう。

過去問は、緊迫感を持って本気で取り組む

ここまでで問題用紙と解答用紙を本番と同じサイズで印刷することがいかに大事かわかってもらえたかと思います。もちろん、過去問を印刷すらせず、**赤本の状態のまま解いてしまうのは論外**です。

あと、これは一種の精神論にもなってきますが、本番に向けた練習だからといってなあなあでやってしまうと、過去問をやる意味がありません。

どのくらいの緊迫感を持って時間を使わないといけないのかといったことを理解するためにも、**もしその時点で過去問にまったく歯が立たなかったとしても、とにかく本気で、全力で臨む**ことが大切です。

もしあまり解けなかったとしても、本気で取り組めば経験になりますし、解答の記

述の量や時間の配分などについても、かなり本番に近い形で把握できますから、試験を受けたときの状況をイメージしやすくなります。

そうやってイメージできるようになれば、本番で焦ったり緊張したりといった事態をある程度は防ぐことができるでしょう。

過去問は、できるだけ本番に近づけた環境でやることができれば、それだけ本番に強くなっていきます。

そういう意味では、過去問をやるときは試験本番と同じくらい静かで集中できる環境を用意しましょう。

志望校・志望資格の過去問3年分でわかること

1年分でわかること、3年分でわかること

過去問を3年分やることの重要性は先述しましたが、ここではそれをより詳しく解説したいと思います。これは大学受験だけでなく、資格の取得においても有効ですので、3年分の過去問で何がわかるのかをお伝えします。

まず3年分の過去問をやることで、**1年分で把握した試験問題の傾向や対策をより明確に理解することができます。**過去問1年分で問題傾向を把握したうえで、参考書などを読んでいくのですが、それを踏まえて3年分やってみると、**自分に何が足りな**

いのかを理解しやすくなるのが最大のポイントです。

さらに3年分の過去問をやると、**試験で出題される問題の大まかな分野がわかってきます**。どの分野が多く試験に出ているのかを知ることで、力を入れるべきポイントが明確になります。

例えば、東京大学だと3年連続で理系でも文系でも数学で微分・積分と難しい確率の問題が出ているので、次の年も同じ問題が出るとすると、その2つをしっかりやれば文系なら半分の点数が取れてしまう。

一方で、空間図形などはあまり出ないので、東大を受けるのであれば、微分・積分と確率に力を入れるべきということになります。

世界史の大論述であれば、毎回問題のキーワードとして経済・文化・政治の3つがあります。これも3年分の過去問をやることで、世界史を今後勉強していくにあたって、この3つのキーワードを意識していかなければいけないという、細かい分野のところまで絞っていくことができるようになります。

ですから、過去問を3年分やるときのポイントは、**問題としてどの分野が出たのかを、メモしながらやっていく**ことが重要です。そうすることで問題の傾向を把握できると同時に、勉強で力を入れるべきポイントが明確化して、試験対策が練りやすくなるわけです。

足りないのは、時間か、知識か

また、参考書を1周回ったうえで3年分の過去問を解いていくと、現時点における**自分の課題が浮き彫り**になってきます。具体的には**「時間が足りないのか」「知識が足りないのか」**ということです。

「時間が足りない」系の試験だと、参考書を1周すれば「この問題はなんとなくわかりそう」「なんかこの問題は見たことあるぞ」といった段階まで持っていくことができます。2年分、3年分の過去問をやっても同じ感覚を持てるのであれば、おそらくその試験は「基本的な問題しか出ないが、ちょっとしたひねりや時間制限で圧迫してくるタイプ」といえるでしょう。ですから、できるだけ短い時間で解けるように勉強を進めていくべきです。

一方、参考書を1周したくらいでは読んでもまったくわからない、聞いたことすらないといった状態になる場合は、マニアックな知識を求められる試験だといえます。「知識が足りない」ことが課題になるので、その場合は通常の参考書を読んでも必要な知識という意味では足りないことになります。資料集などにも当たり、その中でもかなりマニアックなところに関連付けながら見ていかないといけません。

そういったことも、参考書を1周してから過去問を3年分やることで、初めて鮮明に見えてきます。

出題傾向とパターンのつかみ方

「どの分野がいつ出たのか」をメモする

大学受験にしても資格取得にしても、試験の出題傾向とパターンをつかむことができれば、合格に向けて大きく前進することができます。

そのためにも、**過去問を3年分解いたら、どの分野の問題が出ていたのかを必ずメモしましょう。**

問題の細かい内容までは気にしなくて大丈夫です。数学であれば微分・積分が出たとか、そのくらいの大まかな分け方で構いません。

重要なのは「傾向とパターンをつかむこと」ですから、**分野さえわかれば十分とい**

うくらいの温度感でやりましょう。

私の場合は、1周終わった参考書に書き込んだりしていました。例えば、数学であれば微分・積分の章に「平成○年（現在であれば令和○年）」といったように、出題された年を書いていきます。

もう1周やっている参考書ですから、どこに何が散らばっているのか、どこを見れば答えがわかるのかといったこともある程度見えていますから、メモが書きやすくなっています。

あくまで私のやり方ですから、メモの方法はこれ以外の方法でも構いません。自分にとって、**「どの分野の問題がいつ出たのか」**が理解できさえすればいいので、メモの方法は自分のやりやすいものでいいでしょう。

出題傾向やパターンの把握は「チート」級

そうやって過去問3年分で出てきた問題の分野をメモしていくと、志望している大学の学部や取得したい資格の試験の出題傾向やパターンが見えてきます。

出題傾向やパターンがわかってくれれば、先述したように勉強で力を入れるべきポイントがわかり、効率が格段に上がっていきます。

ある意味では「チート」ともいえるものですから、**これをするとしないとでは雲泥の差といえる**でしょう。

さらに、過去問3年分からつかんだ出題傾向とパターンを活用する方法を工夫すれば、より高い効果が得られます。それが次の項目で紹介しているノート術です。

つかんだ出題傾向とパターンを活用する方法――ノート術

「過去問まとめノート」をつくって、出題者の視点を「見える化」する

過去問でつかんだ出題傾向とパターンは、試験の合格を目指すうえでとても大きな武器になります。これをどのように生かすのかによって、合格できるかどうかの可能性が変わってくるといってもいいでしょう。

私が自分の経験を踏まえて、効果的な活用法として提唱したいのが、**過去問をまとめたノートをつくる**ことです。

具体的には、次のとおりです。

①過去問を印刷して問題の部分だけをはさみで切り取り、ノートに貼り付ける。
②その下に問題の解き方を書き込む。
③間違えたときに、自分では気づけなかったポイントなどをメモし、マーカーを引く。

気になったポイントなどをどんどん書き込んでいくものなので、ノートはA４サイズなどのできるだけ大きなサイズを選んでください。

問題集の場合は、そのままメモを問題集に書き込むと先述しましたが、**過去問は別にノートをつくったほうが効果的**です。

なぜかというと、過去問は、大学受験でいえば大学の教授たちが会議などを重ねてつくっているものなので、大学側の**「こういうポイントをわかってほしい」「こういう能力のある学生がほしい」といった狙いが明確に出ています。**

要するに、出題者側から受験者へのメッセージなのです。

過去問の専用ノートをつくり、問題の解き方のポイントや間違えたときに気づかなかったことなどをまとめることで、試験の出題傾向とパターンがより明確化し、そういった**出題者の視点を「見える化」**するのです。

過去問から出題者の意図を汲み取る

つまり、**過去問を解く行為は、出題者側の意図を汲み取ることに**もつながり、**ノートにまとめるとそれが理解しやすくなる**のです。

ですから、私はノートに貼り付けた過去問の下に「これに気づかなかった」「これがわからなかった」といったポイントをページの下に必ず書いていました。そうしたポイントを書き出すことで、出題者側の意図がより浮き彫りになっていくからです。

この場合、例えば確率の問題が試験に出やすいとわかったら、確率の問題だけをまとめたノートをつくるといったように、**分野ごとにノートをつくったほうがいい**のです。

過去問と解き方のポイントなどをまとめたノートをつくることで、出題者側の出題の思考回路が読み解けるようになれば、**よりピンポイントに勉強で力を入れるべき部**

分がわかってきて効率の向上につながります。

また、**過去問をまとめたノートは受験当日にも役立ちます**。

私は知識に関しては参考書にまとめていたのですが、入試のときに持っていっても
それをしっかり確認するのは難しいので、過去問をまとめたノートだけを持っていきました。

また、東大の入試の本番直前などのタイミングで、ノートに書いた問題のポイントだけを読むようにしていました。

実際に過去に出た問題の重要なポイントがある程度復習できますし、問題をつくる教授たちの考え方はそう急には大きく変わらないので、ノートを見ることで「東大の入試問題を解く」という方向に、自分の頭を持っていくことができました。

このように過去問をまとめたノートは、**試験勉強中だけでなく、入試直前まで心強い味方になってくれます**から、過去問でつかんだ出題傾向とパターンを最大限に活用する方法としておすすめです。

志望校以外の学校の過去問は必要か

ノータッチが原則

志望する大学の過去問はとても有効に使えるということは先述しましたが、では志望校以外の大学の過去問は、試験勉強に必要なのでしょうか。

結論としては、大学受験の場合は、**数学だけなら問題の蓄積として使えないことはない**と思います。しかし、他の科目については大学によって範囲や精密さに癖が出すぎることが多いのでほとんど使えないでしょう。

例えば、「基本的な知識の応用」という意味の論述の問題が多い国立系の過去問を解いても、同じような問題が他の大学でも出るということはほとんどありません。

模試などにしても悪問が多く、単にマニアックな知識を論述風にしたというものもありますから、そういう過去問をやっていると、間違った方向に行ってしまいます。自分が目指す大学がそういう方向の問題を出してくるとしても、**「似ているから」という理由で別の大学の過去問にタッチするのは、絶対にやらないほうがいい**でしょう。

一方、マニアックな知識の問題をメインで出してくる大学の場合は、意外と参考書にはそういった知識が載っていなかったりするので、同じような傾向の大学があったら問題をストックしていくという意味で、過去問は使えるのかなと思います。

ですが、これもマニアックな問題は無制限にあり、**大学ごとの癖が顕著に出る**ところですのであまりおすすめできるものではありません。

ただ、**数学に関しては「時間があるなら」という条件付きではあるのですが、他の大学の過去問を有効に使える**場合があります。

過去問はつくり込まれているので良問が多く、数学が苦手だったら、それを克服するための演習用として志望校以外の大学のものでも利用価値があります。ですが、あくまで**自信をつけるためのもの**です。解説を読み込んだり、過去問を印刷したりといったことまでやると時間を浪費してしまうので、わからない問題がないかチェックするくらいの気持ちでやりましょう。

要するに、志望校以外の大学の過去問については、数学の場合でも**「よほど時間に余裕があるときでなければ、ノータッチが原則」**と考えていいでしょう。

第1志望以外の過去問の使い方

ピンポイントで入りたい大学が決まっている人ばかりではなく、他にも何校か試験を受けるという人は多いと思います。その場合、**どの大学の過去問をどれくらいやるべきなのか**という疑問が生まれてきます。

例えば、10校受けるつもりの人が10校分の過去問をやるとなったら、かなりの時間が必要になりますから非効率的です。

私の考えとしては、**第1志望は5年分以上（多いほうがいい）、第2志望と第3志望は2年分**くらいの過去問を解いたほうがいいと思います。ただ、それより先の滑り止めレベルは、過去問を見るにしても試験前日などに「何問くらい出るのか」といったことを確認する程度でいいでしょう。

第1志望は、問題傾向を把握してやっていくことが大事なのですが、第2志望以降も同じようにするのはスケジュール的に難しいものです。ですから、**第2志望以降は本番で重要になる「時間配分」を考えるという部分を中心に過去問を使う**と効果的です。

「二兎を追うものは一兎をも得ず」といわれるように、東大を目指しながら早稲田の入試にも50％の力を割いたという人は、東大入試に全力を注いだ人に勝てません。

問題傾向がまったく違うので両方カバーするのは難しいですから、やはり**第1志望以外は時間配分に特化して分析**したほうが、全体的な合格率が上がります。

「模試」との上手な付き合い方

模試の結果が悪かったときの向き合い方

「模試はあまり信用してはならない」と先述しましたが、だからといってまったく無意味というわけではありません。

マニアックな知識を求めてくる大学を受けるなら、模試はある程度は活用できますが、東大や国立系を受けるのであれば、基本的に模試の問題にはそこまで意味がないと考えたほうがいいのです。

模試はあくまでも模試でしかなく、**結局は本試験よりも問題の質が劣りますし、**出題傾向が似ているというだけで、完全に似て非なるものです。

模試で点数が取れても本番で合格点が取れるとは限りませんし、かなり質の劣る問題もあるので、模試の点数が低かったとしても、それですごく反省して「模試をしっかり復習しよう」となってしまうのはおすすめできません。

解けなかった問題があれば、ある程度解答を見て納得して、「こんなもんか」と思うくらいで模試はいいですよ、というのが私の考えです。

模試のメリット

では、模試をどういうふうに活用するのかというと、1つの大きなメリットとしては**本番と同じ環境を疑似体験できる**ことがあります。隣に同じ受験生たちがいて、同じ試験を受けているという環境は家ではつくれませんし、問題を解く時間配分を決めるといったことも本番に近い状況で体験できます。**「本番と同じ環境に慣れる」**という意味では、模試は他に類がないほど最適な場所です。

あともう1つは、みんながどれくらい模試で点が取れているのかという結果が出ると思うので、それは大いに活用できます。本試験と似て非なるものであったとしても、**「こういう問題はどのくらいの人が解けているのか」がわかる**と、ライバルたちの勉強の進み具合を感じ取れますから、自分の勉強のペースや方針などにおいてとても参考になります。これも模試以外ではわからないことです。

模試はどれくらい受ければいい？

東大に特化した模試など、志望校別の模試があります。これもやはり先述したように点が取れたからといって合格できるわけではなく、逆に数学が悪かったから自分は数学を捨てなきゃいけない……といったマインドになる必要もありません。

東大模試だと受けるメンバーが同じになってくる傾向があり、そうなると「あの人、こないだも見たな」といったように見知った人が増えていきます。受験生は「まわりの人たちはすごく勉強ができるんじゃないか」とよく錯覚するのですが、**見知った人が増えてくると「そんなに変わらない」と思えてくるので、メンタルが落ち着く**という点は、志望校別の模試を受ける大きなメリットといえます。

模試は、本番の環境や緊迫感を疑似体験できる貴重な場と捉えて、**受けられる限りは受けたほうがいい**でしょう。

模試の結果については、先述したように本番とは似て非なるものなので、**判定に一喜一憂する必要はありません。**むしろ、模試がよかったからといって喜んでしまうと油断につながります。結果はあまり気にしないようにしましょう。

ただ、**E判定やD判定のように、判定が最低ランクやその1つ上など低かった場合だけは気にしてください。**

なぜかというと、模試には悪問ばかりでなく、基礎的な問題も出ているはずなので、**判定が低い場合は基礎ができていない可能性が高い**からです。それは大問題ですから、判定が低かったときは勉強方針を考え直して、立て直しを図りましょう。

第4章

絶対合格にコミットする「時間」の使い方

ストップウォッチ学習法――自信と効率化の両立

ストップウォッチで時間を正確に計測する効用

私は試験勉強をしているとき、勉強時間を記録するためにストップウォッチを使って時間を計っていました。ノートに教科を書いて、その下に何分勉強をやったと書いていたと先述しましたが、この時間を計測していたのがストップウォッチです。

100円ショップで買ったタイマーのようなものを机の上に置き、それを使って細かく時間を計っていました。

私の場合はかなり厳密に時間を計っていて、例えば勉強をしていて「トイレに行こう」となったときにも、必ず止めていました。ちょっと集中できないから深呼吸をしたりとか、ストレッチをしたりといったときも絶対に止めていました。

そうすることによって、**1日の中で自分が確実に集中できていた時間を、ストップウォッチで記録**していったのです。

そもそも時間の記録を始めたきっかけは、周囲の友だちが「私は昨日12時間勉強した」「私は10時間やった」などといっていて、それに惑わされて自信を失ってしまったことでした。

もっと勉強時間を増やさなきゃいけないと思ったものの、焦りのせいで机に向かっていても集中できず、散漫になっている時間だけが増えていったという経験がありました。その状況はよくないと考えて、自分は1日にどのくらい集中して勉強できるのかを知るため、ストップウォッチで時間を正確に計測するようになりました。

3時間勉強しても、集中できるのは2時間30分

そうすることによって、本当にちゃんと勉強している時間が理解できるようになります。例えば、**3時間くらい勉強したとしても、ストップウォッチ上ではよくて2時間半くらいしかやっていない**ことがほとんどです。

以前はあまり意識していませんでしたが、トイレに行ったり、少しボーッとしてしまったり、余計なことを考えたり、教科を変えるときに参考書などを取り出したりといったことに意外と時間を取られていることに気づきます。

集中できる時間がわかるようになると、周囲の友だちが「12時間勉強した」といっていても、実質的な勉強時間はおそらく7時間程度だろうと察することができます。そうやることによって、**他人が何時間勉強していると話していても、まったく惑わされないようになり、自信がついてきました。**

ストップウォッチで勉強時間を見える化

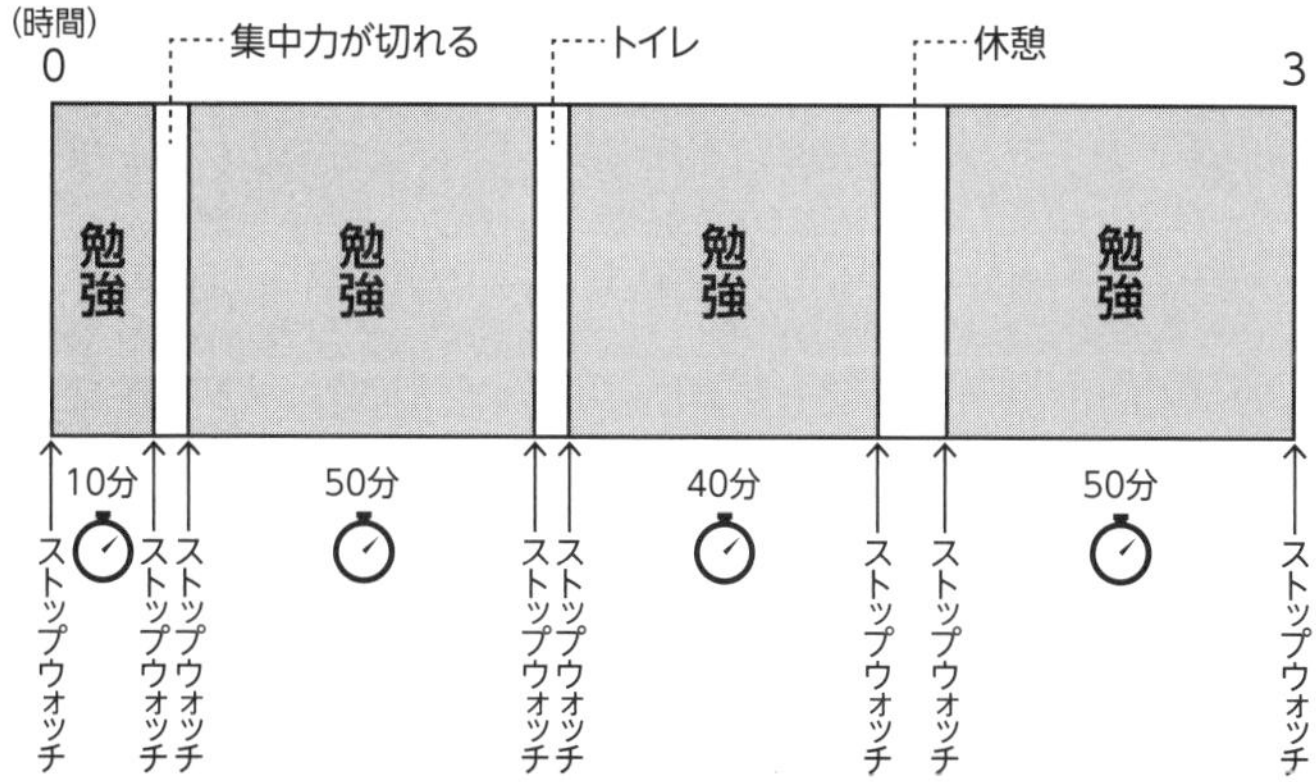

3時間のうち、2時間30分しか集中して勉強できていないことがわかる！

自分の集中力や1日のスケジュールの限界を知る

これがわからないと、「この期間は毎日10時間勉強するぞ」と思って計画を立てても、実質の勉強時間とはズレがあり、どんどん計画が遅れていく原因にもなります。

私の肌感覚としては、**12時間くらい机に向かったとしても、集中して勉強できるのはせいぜい7〜8時間くらい**になると思います。

しかし、それは決して悪いことではありません。勉強中にトイレに行ったり、気分転換したり、教材を用意したりといったことはある意味で必要な行動ですから、まったくの無駄な時間というわけではないのです。

大切なのは、ストップウォッチで時間を計ることによって、**自分の集中力や1日のスケジュールの限界を知る**ことです。

その限界を踏まえて勉強計画を立てることができればベストですし、もし計画に遅れが生じたとしても、時間を計っていけばスケジュールの修正はいくらでもできますから、すごく反省しなければいけないというものでもありません。

あまり深刻に考えず、**気楽にストップウォッチで時間を計って、それに一喜一憂しすぎずに続けていく**ことが重要です。

なお、先述のとおり、**勉強時間を記録したノートは、試験本番でお守り**のような役割を果たしてくれます。私は勉強時間を記録したノートを入試の会場に持って行ったのですが、記録を見ることで「私はこんなに勉強したんだから、受かるはずだ！」という自信につながりました。単に「自分は大丈夫だ」と自分に言い聞かせるより、客観的なデータである勉強時間を目にしたほうが、説得力があります。

ストップウォッチ勉強法は、自信と効率化の両立を実現してくれます。

やっぱり「早起きは三文の徳」

記憶力が高まる時間帯

「早起きは三文の徳」ということわざがありますが、受験生にとって早起きは三文どころではない大きなメリットがあります。

一般的にもよくいわれていることですが、**人間は目が覚めてからの3時間が「脳のゴールデンタイム」**とされています。目覚めてからの3時間は大脳の扁桃体という部分が活性化し、**記憶力が高まりやすくなる時間**といわれているのです。当然ながら、試験勉強をするのに打ってつけということになります。

実際、私が勉強していたときの体感としても、朝が最も邪念なく集中できて、勉強の進み方もスムーズだと感じました。

受験生や資格取得を目指す人の中には、夜のほうが集中できるという人もいるかもしれませんが、試験本番は基本的に日中ですから、**朝に集中できるように脳と身体を慣らしておいたほうが得策**です。もし夜型の勉強スタイルにしていたら、試験の1カ月くらい前から朝型に変更するといった必要が出てきますが、元々朝型にしていればそのような手間も不要です。

そもそも、人間の脳は日頃勉強している時間に集中力が高まるように対応していくものだと思っているので、**最も効率的に脳が働き、試験本番にも強くなれる「早起き」は必須レベルの重要事項**だと考えています。

夜に集中できないときは、無理せず早めに寝る

私の個人的な感覚としては、夜は基本的に集中できない時間帯だと思っています。

心情的にも肉体的にも、「夜、10キロ走ってください」といわれたらツライのと同

じで、身体が寝る体勢に移ろうとしている**夜の時間帯に脳をフル回転させて勉強しようとしても、効率は上がりません。**

なので、私は夜に勉強が思うように進まないとか、つまずいてしまったとか、そうなったら「集中できていないから、いくら考えてもどうせわからない」とすっぱりあきらめて、**早めに寝てしまう**ようにしていました。

私の体感的に、夜に勉強をしていてわからないことは、おそらくそれから3時間、4時間やってもわからないままが多かったと実感しています。

脳科学的にも、実体験的にも、朝までしっかり寝て、脳と身体を休めて、朝起きてもう1回やったら「わかった!」ということがあります。

人間は寝ている間にも頭の中で思考したり、寝る前にやったことを脳が整理したりしています。そのため、次の朝になると考えがまとまって、すんなり理解できるようになっていたことは、実際に多々ありました。

ですから、夜の勉強はあまり効率を期待せず、早起きして朝の勉強に集中したほうが効果的です。

「朝ご飯を食べるまで」が勝負の時間

一般的に早起きといっても時間の使い方はいろいろありますが、私の場合は、**「朝起きてから朝食を食べるまでの時間に勉強する」というルーティン**にしていました。

試験まで1年くらい前、高校3年生になってから少し経った頃に「早起きできるようにしないとヤバい」と思い立って始めたのですが、とても成績が伸びました。

朝ご飯を食べる前に勉強するのは、食事をすると血糖値の変化で少し眠くなってしまい、効率が落ちる傾向にあるからです。

ですから、例えば**朝の8時にご飯を食べるなら、6時頃には起きて、2時間勉強する**といった形にしていました。

最大のパフォーマンスを出すために、必要な睡眠時間

私の早起きのポイントとして、**就寝から起床までの時間を計算する**ことを心掛けていました。受験生のとき、私は**集中力や体力を保つためにも7〜8時間は眠らないとダメだ**と意識していましたから、いくら早起きしたとしても、寝るのが遅かったら大事な睡眠時間が確保できなくなります。

ですから、翌朝の6時に起きるとなったら、前日は夜の10〜11時には絶対に就寝すると決めて行動しました。夜にやりたいことがあっても、予定していた勉強が少し残っていたとしても、**とにかく寝ることを最優先**しました。

寝る前に目覚ましをちゃんとかけて、翌日にやるべき勉強の教材などを机に並べ、次の日の朝の集中力に期待するという感じでした。

朝すっきり目覚めるコツは、私の場合は**好きな音楽を目覚ましのアラームに設定**したことです。そうすると、気持ちよく目覚めることができます。

あと、起きてすぐに「勉強しなきゃ」というモードになりたい場合には、**携帯電話の画面に「受験まであと○日」と表示されるアプリを入れる**のもおすすめです。これを目にすると、脳が「勉強しないとまずい」と思って覚醒《かくせい》します。とにかく自分のマインドを「起きてがんばらなきゃ」という方向に持っていくことが重要です。

朝起きてから10分でやるべきこと

脳の試運転に合った勉強

試験に向けて毎日の早起きは必須と前述しましたが、朝起きてから最初に何をすべきでしょうか。勉強するにしても、どんな科目でどのような内容にしたらいいのか、迷ってしまう人も多いと思います。

朝起きてから最初の10分間は、絶対に単純作業をすべきです。複雑なことをやってはいけません。誰でもそうでしょうが、起きた直後はどうしても脳があまり働かず、いきなり数学をやってくださいといわれても、頭が追いつかないでしょう。

ですから、まずは脳の試運転で「これから勉強するんだ」というモードにして、いつもの勉強のリズムに切り替えていくための準備をしないといけません。そのためには、勉強の中でも**「単純作業」が最も適しています。**

具体的に私は何をやっていたのかというと、**漢字ドリルを使って漢字の書き取り**をしていました。**漢字を100個くらい書き取ってから本格的な勉強**に移ります。漢字100個というと多いように感じますが、ドリルを何周もしていると15分くらいで終わるようになりますから、脳の試運転にちょうどよかったのです。

なぜ漢字ドリルなのかといいますと、起きてから10分くらいは脳がまだ十分に働いていないので、**ほとんど考えなくてもできる作業**である必要があります。なおかつ、**「これから勉強するんだ」というマインドに向かっていく作業**であり、受験にとっても**意味がある作業**でなければいけないわけですが、このすべての条件にも当てはまるのが漢字の書き取りだったのです。

これは人によって好き嫌いや認識などの違いがあるでしょうから、自分にとって「勉強の中でもあまり考えずにできる単純作業で、これから本格的に勉強しようというマインドに移行しやすく受験に出るもの」であれば、他のことでも構いません。

起床後に10分でやるべきこととは?

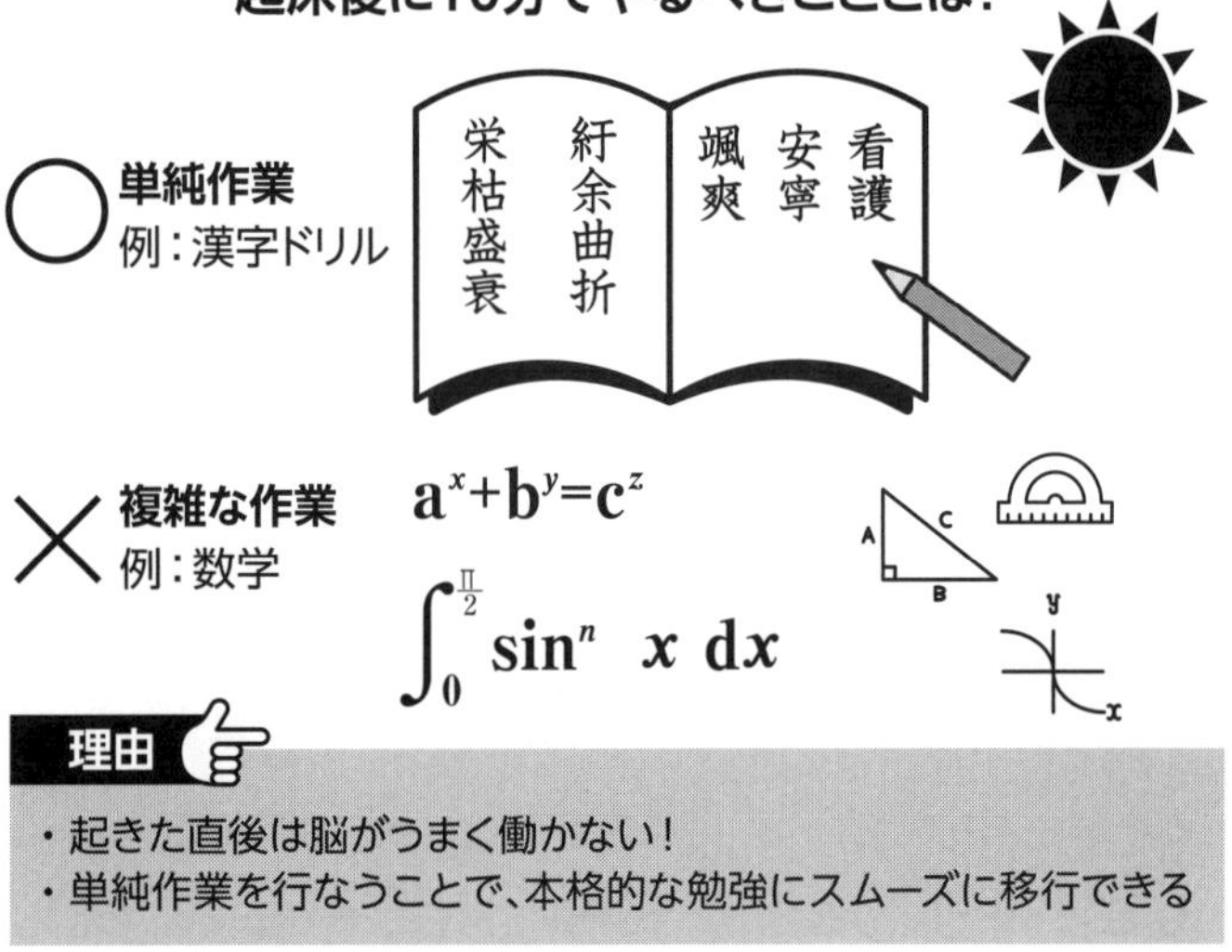

理由

・起きた直後は脳がうまく働かない！
・単純作業を行なうことで、本格的な勉強にスムーズに移行できる私は英語が得意だったのであまりやらなかったのですが、朝起きてからの10分で**英単語を覚えてもいい**と思います。**リスニング**をするのもいいでしょう。なんとなく他の時間にわざわざやるのはもったいないけど、朝起きてから脳を慣らしていく時間にはぴったりという作業を持ってくると効率的です。

今一番やらなければいけないことを日替わりでやる

単純作業で脳を勉強モードに移行させたら、それからは「朝の一番集中できる時間」になります。1日の中で、最も集中力が高い時間帯ともいえるでしょう。

この時間帯は朝のゴールデンタイムですから**「自分が今一番やらなければいけないことをやるべき」**と考えてください。

苦手科目や、**合格に向けて最も成績を伸ばさなければならない科目**を集中的にやる、といった使い方ができます。

例えば、私の場合は朝3時間勉強するとして、半分の1時間半は日替わりで1つの科目を集中的にやりました。朝のゴールデンタイムは貴重ですから、各科目に均等に配分できるように**ほぼ日替わり**にしていました。

世界史の日だったら、1時間くらいかけて教科書を読み込んで、ノートを暗記して、後半は問題集を解くといったような時間の使い方でした。

通常時は日替わりだったのですが、**定期テストがあるときなどはルーティンを変えて、**そのときに伸ばしたい科目に集中するといったことをしていました。

朝のゴールデンタイムの使い方はいろいろ考えられますが、基本的には**「そのときに一番進めたい勉強を朝に持ってくる」**という意識でやりましょう。

休憩を入れるベストタイミング

科学的根拠に基づいたタイミング

勉強中に高い集中力を維持するためには休憩が必要です。休憩なしで勉強をしていたら、たくさん勉強した気にはなりますが、実際は効率が落ちていますから、結果的に勉強が思ったより進んでいないということになります。

しかし、休憩が必要なのはわかっても「いつ休憩を入れたらいいのか」については、あまり考えたことがない人も多いのではないでしょうか。

これについては、私は脳科学的な観点からタイミングを決めていました。**脳科学的には、人間が集中力を持続できる時間は平均で50分ほど**といわれています。

実際、小学校や中学校の授業は基本的に45〜50分に設定されており、これ以上の長さにしても効率が悪いという経験から導き出されたのでしょう。大学の授業は基本的に90〜100分ですが、学生からは「長すぎて集中力が切れる」という声が多く挙がっているようですし、実際に私も授業の最後のほうは全然聞いていなかったということはよくあったので、やはり50分前後がベストなのだと思います。

ですから、私は**50分くらい勉強したら、休憩をしてもいい**という勉強スタイルをとっていました。

ただ、厳密に「50分経ったから休憩しないと！」「50分経つまでは休憩しちゃダメだ！」と無理やり休憩を入れたり、過度に制限していたわけではありません。調子がよくて集中できているときには、50分を超えて勉強を続けることもありました。

科目によっては「他の教科より疲れるな」ということもありますし、日々のコンディションによっても疲れ方は大きく変わってきます。

明らかに疲れているのに「50分経つまで休憩しちゃダメだ！」とがんばり続けてしまうと、頭に何も入ってこないまま机に向かい続けているだけという無駄な時間になってしまいます。

頭がうまく回らなくなってきたら、それが「疲れた」という脳と身体のサインですから、無理せずに休憩しましょう。

この**「疲れた」という身体からのサインこそが、本来は休憩を入れるベストタイミング**だと思います。ただ、身体からのサインをあまりに当てにしてしまうと、「なんとなく疲れているから」と休憩をダラダラ引き延ばしたり、必要以上に休憩を取ってしまうことがあります。

なので、**基本的には「50分くらい勉強したら休憩する」という意識**を持って勉強し、明らかに自分のパフォーマンスが落ちているなと感じたら、適宜休憩を入れるという形にするのが最も効率的でしょう。

また、私は休憩の時間もストップウォッチで計っていたのですが、今日はふだんに比べて休憩を多く取ってしまっているなと思ったら、いつもよりも1回当たりの休憩時間を短くするといったように調整していました。

そうすれば無駄に長く休憩してしまうようなことは防げますから、身体からの「疲れた」というサインがあったら、無理せずに遠慮なく休めます。

休憩時間のSNS閲覧は危ない

休憩時間といっても、ひたすらボーッとしている人は少ないでしょう。ストレッチしたり、音楽を聴いたりといったこともありますが、多くの人が休憩時にどうしても手を伸ばしてしまうのがスマホです。特に、勉強の休憩時間にスマホでSNSをチェックするという人は多いでしょう。

SNSは趣味の1つと捉えることができますが、前述の趣味を選ぶ基準からすれば性質的に区切りがないものなので、**SNSは「受験勉強において危険なもの」**だと私は思っています。実際、私が受験生だった頃はLINEだけ連絡用に残しておいて、X（旧ツイッター）やインスタグラムといったSNSのアプリはそもそもスマホに入れませんでした。SNSのアプリを入れようと思った時期もあったのですが、ちょっと見てみたら「これは止まらないな」と感じました。

SNSはどんどん不特定多数の人の投稿が流れてきますから、少しだけ見ようと思っても、**やめどきを見失ってしまいます**。ですから、私は**受験においてSNSは「絶**

対にやめたほうがいいものの代表例」だと考えています。

どうしてもSNSをやめられないという場合は、例えばインスタグラムであればストーリーズならそこまで量は多くないので、**「ストーリーズだけ見ていい」というルール**をつくって、その範囲内で休憩中にSNSを楽しむといった工夫が必要です。

ただ、そもそもスマホは見ていると目が疲れますから、勉強中に酷使している目をさらに疲弊させてしまいます。SNSに限らず、スマホゲームなども含め、**できれば休憩中はスマホに触らない**ようにしたほうがベターです。

休憩時間は、終わりを決める

休憩時間の設定法

勉強中に休憩を入れることの必要性については理解してもらえたかと思いますが、それと同じくらいに休憩の切り上げ方も重要になってきます。

いつもやる気が１００%という人はまずいませんから、何も決めずに休憩に入ったらダラダラと過ごしてしまい、気づいたら3時間も経ってしまった……なんてことになりかねません。**「やる気が出るまで休もう」といった考え方は危険**で、たいていはずっとやる気が出ないまま終わるだけです。

実際、私もそういった経験がありました。試験勉強をやり始めた頃、50分くらい数学の勉強をがんばってやって、疲れたので休憩に入り、やる気が回復したら勉強を再開しようと考えました。しかし、そのままやる気が出ることはなく、ずっと休んで1日が終わってしまったことがありました。これでは、限られた試験勉強の時間がどんどん無駄に過ぎていってしまいます。このままでは絶対にマズイと思い、私は休憩に入るときに**「何分休憩するのか」**を必ず決めることにしました。

休憩時間の目安と区切るコツ――ストップウォッチの活用

何分くらい休憩したらいいのかというと、**勉強を1時間程度やったら20分休憩**というのが経験的にベストだと思います。ご褒美的に30分というときもありました。1時間経たずに集中力が切れて休んでしまったら、休憩時間は10〜15分と短めにしました。

このように、休憩の終わりを決めることは非常に重要です。先述したように、なんとなく休憩に入るとダラダラと休憩時間が延びてしまいますから、絶対に終わりの時間を決めなくてはいけません。

「もう少し休みたいな」と思ったとしても、そこは心を鬼にして自分に厳しくしましょう。

休憩時間をきっちり決めて勉強を再開すると、頭の切り替えができ、意外とやる気が出てきたりします。やる気が出てこなくて集中できないときは、時間を決めて短い休憩を取ることで、やる気が出てくるという効果も期待できます。

繰り返しますが、重要なのは休憩時間の終わりをきっちり決めること。そのためには、**ストップウォッチで時間をしっかり計って、休憩時間を明確に区切る**ことが大切なポイントになります。

効率のいい休憩時間の過ごし方

おすすめは、明確な区切りがあるもの

休憩時間の過ごし方は意外と難しい問題です。例えば、すごくおもしろい漫画や小説を読み始めてしまったら、続きが気になってやめどきが見つからなくなりますから、それらは休憩時間にはふさわしくないといえるでしょう。

前述の趣味の選定基準と同じ話となりますが、**区切りが明確になっているものは休憩時間の気分転換として使いやすく**なります。

わかりやすいところでいうと、**アニメやテレビ番組**などが挙げられます。例えばテレビアニメは30分番組であることが多いですが、CMの時間やオープニングなどを除

くと**1話は正味20分**くらいになっています。

ですから、休憩時間にサブスクサービスなどでアニメを1話だけ観ると、ちょうど休憩にベストな20分くらいで終わります。そのまま次の回を観てしまったら何にもならないので、絶対に**「1話観たら、勉強に戻る」という強い意志**を持ちましょう。「勉強したらまた1話観られる」というモチベーションの高め方もできます。

あと、私が休憩時間によくやっていたのが**「散歩」**でした。家のまわりを10分くらいで1周するとか、本当にちょっとした散歩だったのですが、**散歩はすごくリラックス効果がある**といわれていて、勉強で凝り固まった身体をほぐすこともできます。

身体を軽く動かすと集中力が高まるので、特に散歩を多用していました。

受験生が絶対に我慢すべきもの

休憩時間にリラックスするのは大切ですから、すべての楽しみを我慢する必要はありません。我慢しなくてはならないのは、**ゲームのような「区切りがないもの」**であり、それ以外の区切りのつく楽しみは残して構いません。

区切りのある楽しみは休憩時間を豊かにして、効率を上げてくれるでしょう。区切りがしっかりとある趣味を勉強の合間の休憩時間に楽しみつつ、ストップウォッチでさらに明確に終わりの時間を決めることで、**趣味は勉強を阻害するものから勉強にとって必要な気分転換のための重要なものへと変えることができます。**

休憩時間に楽しむことは決して悪いことではありません。「正しい楽しみ方」をできるようになれば、趣味も勉強の味方につけることができるのです。

仮眠は取っていい⁉

昼食後20分間の仮眠は効果的

最近は昼寝が集中力を向上させ、勉強や仕事の効率をよくしてくれるとして、一部の学校や企業で昼寝時間が導入されています。受験生にとっても、仮眠を取ったほうがいいのか、取らないほうがいいのかという問題は、重要な課題です。

私の場合は、**お昼ご飯を食べたあとに20分間の仮眠を取っていました。**これはほぼ毎日の日課となっていました。

なぜお昼ご飯を食べたあとに仮眠するのかというと、これは人によりますが、食べたあとは睡魔に襲われます。お昼ご飯のあとにすぐ勉強していたこともあったのですが、眠くて集中できませんでした。ここまで眠いのであればちゃんと寝たほうがいいのではないかと思い、20分間だけ寝ることにしました。

ただ、**仮眠は絶対に20分間を超えないようにしていました。**なぜかというと、脳科学的には仮眠が20分を超えると脳が睡眠モードになってしまうといわれており、それ以上寝ると深い眠りに入ってしまうためです。

当然、そうなると起きた直後は「寝起き状態」になり、パフォーマンスが逆に落ちてしまいます。ですから、**最も疲れが取れて、なおかつ深い睡眠に入らないベストの仮眠時間**は20分だと思います。

仮眠に入る前、私は必ず紅茶を飲んでいました。カフェインが効き始めるまでに20分前後かかるのですが、仮眠の前に飲むとちょうど起きる頃にカフェインの覚醒作用が出てきて、すっきりと目覚められます。

「パワーナップ」で勉強効率を上げる

高校のお昼休みにドリルをやったりして勉強している人がいます。しかし、お昼休みまでガチガチに勉強するのは自己満足にしかならず、その後の授業で集中力が切れてしまうことになりかねません。

ですから、机に座ったままでいいので、**目をつぶるなどして仮眠に近い状態になり、脳と身体を休める**のがおすすめです。

グーグルやアップル、マイクロソフトなどの海外大手企業では「日中に20分程度、横にならずに眠る」ことで頭をすっきりさせ、作業効率を上げる**「パワーナップ」**を取り入れているところが増えています。受験生も「パワーナップ」を積極的に取り入れ、短時間の睡眠で勉強の効率を上げていきましょう。

なぜ「ルーティン化」は大切なのか？

脳に癖をつける

正直なところ、勉強は誰もやりたくないことだと思います。だからこそ、机に向かってもなんとなく勉強する気が起きなかったり、「勉強しなければ」と焦りながら何もできなかったりといったことが起こります。

私が東大出身だとわかると「勉強が大好きだったんでしょ」といわれることがありますが、私もやらなくていいなら、勉強なんてしたくないというのが本音でした。

では、どうすれば**「やりたくない」と思っている頭を勉強モードに持っていく**ことができるのか。その最も有効なテクニックが**「ルーティン化」**です。

ルーティン化といっても、難しいことや特別なことをする必要はまったくありません。ただ、**参考書を広げて机に向かってください。**

勉強をする癖をつける段階においては、参考書をただ読むだけで大丈夫ですが、朝などの**決まった時間に絶対に最低1時間**はこれをやってください。

大学の行動心理学の授業で習ったのですが、**人間は3週間ほど同じ行動を繰り返すと、脳が「やらなきゃいけないこと」だと認識する**のだそうです。そうなると、机に向かうことが苦でなくなってきますし、むしろ机に向かわないとなんとなく気持ちが落ち着かなくなってきます。

3週間経ったら、徐々に勉強時間を増やしていき、なおかつ勉強に集中できるように脳を慣らしていきます。

集中力は才能ではなく、訓練で身につく

ゼロからいきなり勉強時間を12時間に増やすのは、運動したことがない人に「オリ

ンピックに出てください」といっているのと同じこと。それができないからといって、自己嫌悪に陥る必要はありません。

集中力の持続も同じです。

机に向かったり、勉強に集中するスキルを徐々に身につけていくため、まず毎朝1時間は必ず机に向かい、それを2時間、3時間と増やし、最終的に試験合格というゴールに到達できればいいのです。

集中力は基本的に天性のものではなく、訓練によって身につくものです。その訓練方法として、**毎朝決まった時間に起きて、机の前に座って、絶対に参考書を読むという行動をルーティン化する**のはとても効果的です。

「集中できない時間」を知る

自分の「集中できない時間」を把握する

試験勉強において集中しやすい時間帯を知るのは大切ですが、ここでは逆に「集中できない時間帯を知る」ことの重要性をお伝えします。

朝は脳のゴールデンタイムだと先述しました。これは朝が集中できる時間帯というよりも、午後に集中力が落ちるのは当たり前であることが大前提にあります。

朝目覚めてから、さまざまな作業をしたり、いろいろな人と話したりしているうちに疲れてきますから、脳のパフォーマンスが午後に入ると落ちていくのは当然なのです。ですから、**午後の時間帯に「勉強に集中できない」と悩んでいる人がいたら、そ**

れは当たり前のことなので、決して落ち込む必要はありません。

ただ、午後になると集中できなくなると一概にいっても、生活リズムの違いや個人差などで「集中できない時間帯」は異なります。

私の場合は、午後2時頃と午後5時頃が最も集中できない時間帯ですが、人によっては午後4時だったり、午後8時だったりするでしょう。午後の中でも、集中力の細かい波がありますから、**どのタイミングで「集中できる」「集中できない」のピークがくるのか、それを意識して過ごしてみてほしい**のです。おそらく、毎日勉強していれば、1週間くらいで、なんとなくそれぞれのピークがわかってくるでしょう。

集中できない時間の使い方

「集中できる」「集中できない」のピークを把握することができれば、集中できる時間は優先事項が高い科目の勉強をして、**集中できない時間は休憩に充《あ》てたり、集中力があまり必要のない作業をしたり**といった使い方ができます。これは勉強の効率化という観点でとても重要ですので、ピークの把握は早めにやっておきましょう。

もしピークが把握できていないと、朝の集中できる時間帯に得意な科目をやって、苦手な科目を午後に回したら、それが集中できない時間帯でまったく勉強が進まずに時間を無駄にした……なんてことになってしまいます。

朝に集中できるのも、午後に集中できない時間が増えてくるのも当たり前。しかし、**集中できない時間には波がある**ので、自分はどの時間帯が集中できないのかを知り、それに合わせたスケジュールを組みましょう。

寝る前の「集中できない時間帯」にやるべきこと

暗記もの、数学はNG、おすすめは読み物系

集中できない時間帯の代表例が、夜の寝る前の時間です。1日の疲れによって脳があまり働かなくなっていますから、このときに暗記をしようと思っても、まともに覚えられませんし、数学のように頭をフル回転させないといけないような問題を解こうとしても、できるわけがありません。

しかし、この時間に何もしないとなると、試験本番までの合算でかなりの貴重な時間を無駄にしてしまうことになります。

逆にいえば、この時間をどうにか有効に使うことができれば、日々の積み重ねによって、他の受験生たちに大きな差をつけることができます。

では、私の場合は何をやっていたのかというと、寝る前の集中できない時間帯は**「読むだけで勉強になる」ものを意識してやっていました。**例えば、世界史であれば全体の流れを物語のように読むことができますし、司法試験のときは判例を読んでいました。判例も物語のような形式で書いてあるので、それほど気負わずに判例集をペラペラとめくることができます。

単語などを勉強しようとすると「暗記しなきゃ」という気持ちになり、寝る前の働きの鈍った頭ではなかなか難しい状況になってしまうのですが、読むだけであれば気楽にできますし、それほど集中していなくてもあとから「そういえば、あのときに読んだな……」と思い出すことができて役立ちました。

どんな試験でも、**丸暗記まではしなくていいけれど、読んでおかないといけない教材**があります。高い集中力が保てる時間帯をそれに使うのはもったいないですが、寝る前の集中できない時間帯にやれば、時間の有効活用になります。

寝る前に絶対やってはいけないこと

集中力には波があり、そうやって寝る前に読むだけの勉強をしているうちに、ふと集中できる瞬間がやってくることがあります。

私は**集中力が高まってきたら、暗記に移行してみたり、数学を1問解いてみたり**といったことをやって、効率よく寝る前の時間を使っていました。それでもまた少し疲れたら、読むだけの勉強に戻ればいいのです。

また、そこまで頭をフル回転させなくてもいいけど、いつかは絶対にやらなければいけないという意味で、**寝る前に英語のリスニングをするのもいい**と思います。こちらも同じように、やっているうちに少し集中力が出てきたら、英単語や問題文に移行するという形にできるとベターです。

集中できない時間帯という意味では、朝起きてからの10分間と寝る前の時間は共通しているように思えますが、まったくの別物です。

夜寝る前にはどんな勉強がいいのか?

○ 軽く教材を読んで理解する

× 単純作業

理由

寝る前の時間帯は脳が疲れ切っているので、何かしたからといって覚醒することはない

➡疲れが溜まった状態なので、こういうときに単純作業をするとどんどん眠くなってしまう
➡眠くならない程度に軽く参考書を読む

朝起きてからの10分は脳を目覚めさせる必要があるので「単純作業をやったほうがいい」と先述しましたが、寝る前の時間帯は脳が疲れ切っているので、何かしたからといって覚醒することはまずありません。疲れが溜《た》まった状態なので、こういうときに単純作業をするとどんどん眠くなってしまいます。ですから、**単純作業は寝る前の時間帯に最もやってはいけないこと**といえます。

寝る前の時間帯は、暗記したり問題を解いたりといったところまで頭を持っていくのは難しいけれど、軽く教材を読んで理解するという程度ならできる……というのが、私が受験や司法試験の勉強を通して得た実感です。

「宙づりの時間」をつくらない

「宙づりの時間」をなくすコツ

「宙づりの時間」とは、**次の予定がはっきりと定まらずに勉強が上の空になってしまう時間**のことです。

よくある具体的な例としては、「お昼ご飯まで勉強をする」と決めたものの、いつご飯だと呼ばれるかわからないので集中しきれず、なんとなくダラダラと勉強してしまっているような状況です。「いつお母さんに『ご飯よ』って呼ばれるかな」という気持ちが頭の中にずっとあるので、どうしても勉強に身が入りません。

どっちつかずで、実質的には何もできていない状態。私はそういった状況を「宙づりの時間」と呼んでいます。

当然ながら、「宙づりの時間」は、できるだけつくらないようにすべきです。そのような時間が多いと、**勉強しているつもりなのに実際は勉強が進んでおらず、勉強の計画にも支障をきたす恐れ**があります。

では、どうやって「宙づりの時間」をなくすのかというと、私の場合は、1日の自分のスケジュールをある程度つくっておいて、**自分以外の行動がかかわってくる領域については事前に確認**を取っていました。お昼ご飯であれば、母親に「○時にご飯にしてほしい」とか「何時くらいにご飯つくれる？」と確認し、**ある程度の見通しを立てる**ことで「宙づりの時間」が生まれることを防いでいました。

その一環として、私は**「絶対に夜の10時半には寝る」と決めていました。**何時に寝てもいいやと思って「終わりの決まっていない勉強」をしてしまうと、ただダラダラしてしまったり、いつ寝ようかなとかと考えてしまったりして、あまり集中できずに勉強の効率が悪くなってしまいます。

ゴールを明確にすることの重要性

「ゴールまでの距離がわからないマラソンを走れ」といわれたら、がんばって走ろうという気持ちにはならないでしょう。走ったとしても「いつゴールに着くんだろう」ということばかり気になってしまいます。

それと同じことで、「1日の終わりは○時だ」「ご飯や休憩は○時に強制的に入るんだ」といったことをはっきりしておかないと、勉強も集中できません。

逆に**ゴールや休憩が明確になっていれば、ペース配分が決められるので集中しやすく、モチベーションも高めやすくなります。**

ですから、できるだけ事前にスケジュールをつくり、その日の見通しを立てられるようにして、集中できない「宙づりの時間」をなくすようにしましょう。

「宙づりの時間」と「スキマ時間」の違い

また、よく使われる言葉で「スキマ時間」がありますが、これは「宙づりの時間」とは似て非なるものです。**スキマ時間は一応終わりが決まっていて、大きなことをやるには短すぎるくらいの、空いた時間**のことです。

一方、宙づり時間というのは、大きなこともできるのだけど、予定が定まらないのであまり集中できない時間のことです。なので、この2つは明確に区別して考えるべきだと思っています。

ちなみに、私の**スキマ時間の使い方**としては、大きなことを始められるような時間ではなく、**細かく区切ることができるものが向いている**と思ったので、単語単位の古文や英語の単語の勉強をしていました。スキマ時間にするべき勉強は**「区切りが短く、いつでも切り上げられる」**という点が選ぶポイントになります。

「何もやりたくない日」の時間の使い方

強制的に自分を追い込むコツ

「どうしても今日は何もしたくない……」

受験や資格取得に向けてがんばって勉強していても、たまにそんな日がやってくるものです。

実際私も、ある程度勉強をすることに慣れてきて少し勉強が楽しいと思い始めた段階でも、「何もやりたくない」「こんな勉強してなんになるんだろう」と思ってしまう日がよくありました。自分の好きな分野の勉強をするのは楽しいですが、当然ながら受験勉強の中には自分の好きじゃない分野の勉強もあります。だから、**10日のうち1**

回くらいのペースで勉強するのが嫌になってしまうことがありました。

何もやりたくない日というのは、疲れが原因の集中できない日とは異なり、基本的に気持ちの問題です。そういうときは、**強制的に「やらなければいけない」という状況に自分を追い込むしかありません。**

具体的な私の対策としては、**模擬試験**をやっていました。やり始めると強制的にある程度の時間、ずっと問題を解くことになります。始めてしまったら中途半端に終えるのはもったいない気になるので、最後までやり通せます。

やることは「模擬試験」一択

私は、何もしたくない日にやるべきことは「模擬試験一択」くらいに思っています。**模擬試験をやれば最低でも勉強時間は3～4時間くらいになります。**そうなると、何もしたくない日でも「1日を無駄にした」ということにはなりません。

集中できる日に模擬試験をするのは時間がもったいなく、それより暗記などに充てたほうが効率的です。

なんとなく調子の出ない日は暗記などの勉強をしてもうまくいかないので、模擬試験をするのにぴったりですから、**何もしたくない日がきても「ラッキー、模擬試験ができる！」くらいの気持ちでいい**と思います。

模擬試験の結果があまりよくないと、何もしたくないという気持ちよりも「このままじゃヤバい」という焦りのほうが勝り、もっと机に向かいたくなって意外と勉強に集中できることもあります。

それでも「今日はどうしても無理」と思ったときは、模擬試験後に寝ながら古文の単語を見たりするなど、最低限の勉強で済ませていました。

通勤・通学時間に期待しない

通勤・通学時間を過大評価していない?

通勤・通学の時間に勉強している人は多いと思います。スキマ時間の有効活用といえますが、通勤・通学中の自分の記憶力に過大な期待をしている人が多いという気がしています。海外ではあまり移動中に勉強している人は見ませんから、日本人の中に「通学中は集中できる」という神話があるのでしょう。

しかし、通学中は単なるスキマ時間とは異なり、雑音などの気が散る要素がたくさんありますし、いくつ先の駅やバス停で降りなきゃと常に考えています、また机に広げて勉強できるわけでもないので、1つの教材しか基本的に見ることができず、効率もあまり期待できません。**そんな状況で集中して勉強するのは難しく、ほぼ自己満足の世界ではないか**と考えています。

二宮金次郎ではないですが、移動中にまで勉強しているという「やってる感」があるので集中できると勘違いしているだけで、**少なくとも通勤・通学時間は勉強に適した環境ではないはず**です。「通学時間に1時間勉強したから家で1時間休もう」といった人もいますが、集中できる家での勉強時間を減らしてしまうとなると、むしろ通勤・通学時間の勉強は弊害すらあるという印象です。

通勤・通学時間の有効な活用法

ただ、まったく何もせずに過ごすのはもったいないのも事実です。私は通学時間が片道2時間、往復で4時間でしたから、単なる移動時間になってしまうことに焦りの意識がありました。しかし、通学中にまったく新しいことを覚えたりするのは難しいので、**単語や教科書を読んで、反復しながら頭に刷り込む時間**として使っていました。

通学時間の短い人なら反復学習だけでいいですが、長い場合の活用例として、タブレットにイヤフォンをつけて、**東進ハイスクールの授業映像**を流していました。あと、英語のリスニング対策として**英語の映画を英語字幕で観る**というのがすごく勉強になるのですが、これも家などでの勉強時間を割いて観るのはもったいないと思ったので、通学時間にやっていました。

勉強だけに限らず、SNSをやっている人であれば、**「SNSをやるのは通勤・通学時間だけ」にして、家ではスマホに触らないようにする**という活用法もあります。

このように通勤・通学時間の勉強に過度な期待はできませんが、使い方によってはある程度有効に活用することができます。

「時間が経つのを待つ」勉強にしない

時間にこだわりすぎるデメリット

受験勉強においては「今日は○時まで勉強するぞ！」と意気込んで机に向かうことがよくあると思います。その心意気は立派ですし、とにかく机に向かうことで何かしら前進しているような気持ちにもなれます。

しかし、だからといって効率的な勉強ができているとは限らず、逆に**時間にこだわりすぎると効率が落ちてしまう**のです。

私も受験生時代は「いったん夕方の5時まで勉強しよう」と決めて、5時になるまで絶対にやめないんだと思って机に向かうことがありました。

しかし、決まった時間までやることが目的になってしまうと、何もせずにボーッとしている時間が増えてしまい、なんとなく「5時になるのを待つ」ために時間を浪費しているような状態になってしまったのです。

ほとんど無駄な時間になってしまったにもかかわらず、**自分の中では「○時間勉強した」という変な達成感**があり、勉強が進んでいないはずなのに、焦りを感じないので、事態をより悪化させてしまいます。私のまわりでも、同じことをやってしまっている人が多いように感じられました。「○時まで絶対に休まず勉強しよう」「今日は○時間勉強するんだ」という発想は、ありがちですが、危険なものです。

「○時までやる」ではなく、ストップウォッチで計る効用

これではいけないと思い、私は何時までと時間を決めて勉強するのではなく、先述したように自分が実際に勉強した時間をストップウォッチで正確に計る方法に変えました。

ストップウォッチで計れば、自分がどのくらい集中して勉強できているのか、客観的に見ることができますが、**単に「〇時までやろう」と決めて勉強する方法だと、どうしても客観性が失われるうえに、勉強していない時間が生じることになる**ので非効率的になってしまいやすいのです。

私はストップウォッチだけでなく時計も目の前に置いていたのですが、**「何時までやろう」という発想は捨てていました**。あくまでやった時間を計ることに集中していました。ご飯や予定の時間があるので、時間が把握できないと変なところで勉強が中断されたり、宙づり時間ができたりしてしまうので、一応ストップウォッチと一緒に時計も置いていたのです。

苦手科目に対する勉強時間対策

苦手科目に費やす時間を決めておく

苦手科目の克服を試験合格の必須条件のように考えている人は多いと思います。しかし、入試や資格取得の試験勉強において「時間」というリソースは限られています。**そんな貴重な時間を、苦手な科目に無制限に割くのは得策ではありません。**

先述のとおり、苦手なものを克服するためには、他人の倍以上の努力が必要になるでしょう。それでやっと「人並み」と考えると、効率が悪いといわざるを得ません。

受験や資格取得の勉強は、限られた時間をどのように配分するのかによって勝敗が分かれます。**倍以上の時間を使っても平均レベルにしかなれないのだとしたら、それ**

は本当に克服する必要があるのか疑問です。

1日に10時間勉強するとして、8時間くらい苦手な科目の克服に使ったら、他の勉強は2時間くらいしかできません。そうなったら、もし苦手な科目が人並みレベルになっても、他の科目の勉強時間が足りず、試験に落ちてしまう可能性が高くなります。

もちろん、絶対に取らなければいけない足切りの点数があるとしたら、最低限その点数が取れるくらいにはならないといけませんが、それ以上を目指しても効率が悪いだけなので、**無理に克服する価値はない**といっていいでしょう。

苦手科目の時間の使い方としては、**何時間使っていいのかを明確に決める**ことが効率的です。苦手科目は勉強に時間を割いたとしても伸びにくいので、理解するまでやろうというふうに気合を入れて臨んでしまうと、いたずらに時間がすぎていってしまう可能性が極めて高くなります。

このような無駄な時間を防止するために、**「苦手科目については何時までしかやらない」**等、いったん他の科目に移るための区切りをつけておくことがとても効果的です。

こうすることにより、必要な時間は確保しつつ、他の科目を圧迫することなく苦手科目と向き合えるようになります。

「伸びしろのある科目」に時間を注ぎ込む

試験の一番重要になる分野は、ほとんどの人にとって苦手でもないけれど、すごく得意でもない……という科目が多いのではないかと思います。

好きな科目は放っておいても勝手に伸びますから、そういった**「得意でも苦手でもないけれど、試験で重要という科目」**に時間をできるだけ割くようにしましょう。そういった得意と苦手の中間に位置するような科目は「得意な科目」に化けるだけの伸びしろを秘めており、もしそうなれば、大きく試験の点数は伸びます。

人の倍の時間を使っても平均レベルになれるかどうかという苦手科目と比べると、どちらに貴重な時間を注ぎ込んだほうが効率がいいのかは明白です。

ただ、大学によっては英語の点数さえよければほぼ受かるといった点数配分であるなど、科目の評価が大きく異なっている場合があります。当然、**自分の受ける大学が**

高く評価している科目の成績を伸ばすことが、合格への近道となります。

では、大学がどの科目を重要視しているのかを知るにはどうしたらいいのでしょうか。そんなときに役立つのが**過去問**です。

最初に過去問から取り組むのが「逆算式勉強法」の肝の部分となりますが、このときに自分の行きたい大学がどのジャンルの問題を出しているのか、どの科目を重要視しているのかをチェックしてください。これをしっかり見極められるかどうかによって、受験の成否が大きく左右されます。当然ながら自分の得意分野と重なったほうが有利ですから、しっかりと事前に過去問で確認しておきましょう。

試験までの残り時間がないときにやるべきこと

応用は捨てる

試験勉強を始めるのは早ければ早いほうがいいのですが、人によっては高校3年生の途中で部活を引退し、そこから本格的に勉強を始めるといったケースもあります。試験本番まであと半年くらいしかない……といった状況ですから、かなり差し迫ったシチュエーションとなります。

勉強がほとんど進んでいない状態であれば、**最も効率的なのは「応用をすべて捨てること」**です。とにかく基礎をマスターすることに専念し、基礎についてはできるだけ完璧を目指して、応用には手を出さないようにするのです。

大学の入試にしても司法試験にしても、絶対に取らなければいけない基礎ベースの問題と、取れたら上位合格だという高いレベルの応用問題に分けられています。基本的に、本来なら、**絶対に取れるというような基礎ベースの問題をすべてちゃんと解けていれば、応用がまったくできなくても試験には合格できます。**

なぜみんな応用をやるのかというと、基礎ベースの問題を完璧にすべて取ることができない可能性があるため、少しでも加点によって合格を確実なものにしたいとか、上位で合格したいといった狙いからやっているのです。逆にいえば、応用にはそれくらいのメリットしかありません。

基礎に時間とコストを全振りする

本来であれば、**基礎をしっかりやることが最も効率的な王道の勉強法**です。ですから、試験まで残り時間があまりないとなったら、**応用は100%切り捨てて「基礎だけで試験に受かる」というマインド**で、基礎を徹底的にやってください。

基礎だけに時間とコストを全振りすれば、合格のための最低限の問題は解けるレベルに達するという意味で、おそらく間に合うと思います。なので、試験勉強を始めるのが遅くなってしまったとしても、あきらめないでください。

基礎と応用の見分け方ですが、これは極めて単純で、**教科書に載っているものは基礎だと思って大丈夫**です。

過去問の解説などを見ると、基礎的な教科書に載っていない世界史のマニアックな単語や、数学の複雑な公式などが出てきますが、そういったものは基本的に応用だと思ってください。

第5章

超効率的記憶法

勉強はなぜつまらないのか？

集中力や記憶力は、興味関心の度合いで変わる

試験勉強における根本的な問題として、ほとんどの人に共通しているのが「勉強がつまらない」ということです。

「何を当たり前のことを……」と思われるかもしれませんが、勉強がつまらないと集中力やモチベーションが思うように高まらず、せっかく暗記しようとしても記憶に残りにくくなってしまいます。

これがおもしろいことだったらどうでしょう。

例えば、好きな漫画やアニメ、ゲーム、ドラマ、推しのアイドルなどのことだったら、誰に頼まれたわけでもないのに細かいところまで詳しく覚えている人は多いでしょう。

また、好きな趣味のことであれば、わからないことがあったら、時間を忘れて調べ物に没頭できる人もたくさんいるでしょう。

これは、対象に興味があるから詳細なところまで記憶に残りやすく、なおかつ「知りたい」という欲求が強いためです。**興味があることは「知ること」に喜びがあるので、知識を吸収しやすいですし、調べ物に没頭していてもあまり疲れません。**なぜ興味があるのかといえば、当然ながら自分にとって「おもしろいから」でしょう。

「おもしろくないこと」は、これのまったく逆となってしまい、いくら覚えなくてはならないと思っていても、興味や関心がないのでうまくいきません。おもしろくないと思っていることで調べ物をしても疲れるだけですし、それについて頭を使って考え、時間を使っていること自体が苦行です。

大半の人にとって勉強は「おもしろくないこと」「つまらないこと」ですから、これが、勉強がうまくいかない根本的な原因になります。

勉強を実生活の楽しさと関連付ける

では、なぜ勉強はつまらないのでしょうか。その理由としては、基本的に勉強は実生活で得られる楽しさと関連付いておらず、あまりにも「試験」に直接的に結び付いてしまっているからです。試験に受かりたいから勉強するだけで、それ以外には実生活の楽しみとまったく結びつきません。

一方、アニメやゲーム、ドラマなどは、仲間と一緒にワイワイ楽しめたり、疲れたときの自分を癒してくれたり、実生活の楽しさとリンクしています。だからこそ、楽しさを感じて集中力や記憶力が自然と高まるのです。

逆にいえば、**勉強を実生活の楽しさに関連付けることができれば、格段に記憶しやすくなります**。「自分は記憶力に自信がない」という人もいるかもしれませんが、そういう人でも好きなことだったら、覚えられるでしょう。

誰にも潜在的な暗記力はあります。勉強を楽しさと関連付けて、興味の持てる「おもしろいこと」にすることができれば、集中力も記憶力も大きく高まるはずです。

具体的な関連付けの方法については後述しますが、勉強を実生活の楽しさと結び付ける方法は、実体験として私がとても有効だと感じたものです。

私は、自分の潜在的な記憶能力が特別に優れているとは思いませんが、**今までなかなか覚えにくかったことでも、自分の好きな歌手や自分にとっては楽しい歌うことなどと関連付けると急に覚えやすくなる**という体験をしました。

人間の本質的な記憶能力にはそれほど大差はなく、こうした**「記憶のコツ」を身につけているかどうかが、暗記の得手不得手につながっている**のです。

試験勉強は、暗記が10割

試験勉強の合格に「頭のよさ」は不要

受験や資格試験の勉強に限ったことではありますが、第1章でも述べたとおり、私は**「勉強は100%暗記」**だと断言していいと思っています。

試験勉強においては、深いところまで理解して高度な考察や計算をする必要はなく、そういう意味では**「頭がいい必要すらない」**と考えています。

本当の意味での高度な学問や、資格取得後の実務においては、ひらめきや深い知識が必要になる場面があるでしょう。むしろ、そういった次元になると、暗記だけでは絶対にダメで、天才的なひらめきや経験から導き出された知恵などが求められます。

それがあるかないかによって、その道で成功できるかどうかが決まるといってもいいでしょう。

しかし、試験の段階では「合格すること」が目的ですから、ひらめきも特別な知恵もいりません。**何も特別な存在になる必要はなく、試験に合格するための知識を暗記することさえできれば、それで十分**なのです。

試験は暗記ですべて対応できる

もし暗記を完全にマスターできれば、それだけで東大の入試でも司法試験でも合格できると思っていいでしょう。それくらい、入試や資格取得の勉強は「暗記がすべて」といえるものです。

資格試験などでは引っかけ問題があり、それに対応するためには「単なる暗記だけではダメだ」と考えている人は少なくありません。

ですが、**ひっかけ問題も含めてすべて試験は暗記で対応できます**。それなのに「暗記以外の能力を磨かなければいけない」と思い込んで、余計なことに貴重な時間を使ってしまう人がいますが、それは無駄な行為です。

正確にいえば、学問を究めたり、資格取得後の実務をしたりといった場面では役立つかもしれませんが、試験に合格するという段階においては時間を浪費するだけになってしまい、効率が大きく落ちてしまうのです。

ですから、試験に合格したいのであれば、**いかに効率のいい記憶法を身につけられるかが、とても大きなキーポイント**になってきます。

マークシート式と記述式は、対策が違うのか？

対策は異なるが……

一般的に試験の解答形式は、マークシート式と記述式に分けることができます。

マークシート式は、示された選択肢の中から番号などで解答を選択し、マークシートの記入欄を筆記具で塗りつぶすもの。これは大学入学共通テストに採用しているほか、個別入試でも全問または問題の一部をマークシート式にしているところがあります。同じマークシート方式でも、1つの正しい選択肢を選ぶもの、1つの誤っている選択肢を選ぶもの、複数の正しい選択肢を選ぶものなどのバリエーションがあります。

記述式は、その言葉のとおり、解答を記述するもの。答えとなる記号や単語を書き込む場合と、文章にして記述する場合の2種類があり、文章にして記述する場合は「論述式」と呼び分けられることがあります。数学や国語などの主要教科での出題をはじめ、小論文や英作文として出題されることもあります。国公立大学の個別試験では記述式が多く、私立大学でも導入が進んでいます。

もちろん、この2つの**どちらの解答形式かによって、対策は異なってきます。**対策ができていないと、マークシート式だと偏差値が高かったのに、記述式だと偏差値が大きく下がってしまう、あるいはその逆といったことも起こり得ます。

しかし、**いずれにせよ、あくまでその基礎にあるのは暗記**であり、**暗記の方向性を工夫することによっていずれも対応することができる**のです。

マークシート式と記述式の対策

記述式は、ある意味で「正解に辿り着く必要がない」といえます。部分点を狙いながら答えていくものなので、途中経過での加点が重要になりますから、正解に辿り着くという部分の優先順位が低くなるのです。

一方、**マークシート式**は途中経過でどのくらい考えることができたのかという部分は度外視されます。機械的に「正解」「不正解」があるだけなので、**正しい答えを導き出す知識が絶対的に必要**になってきます。途中の段階でいくら考えたとしても、それは記述式と違って基本的に加点の対象にはなりません。

記述式の問題であれば、どれだけ途中経過の部分点を狙って加点していけるのかが重要で、マークシート式は正しい答えを出すことができなければ何にもなりません。

このように、まったく性質の異なる解答形式なので、暗記するにしてもそれぞれの対策に沿ってやらないと効率が悪くなってしまいます。

勉強において「理解」は不要？

全体を見ないと、部分はわからない

勉強というと、教科書に書かれていることを読み込み、ちゃんと理解してから次に進むというイメージを持っている人は多いと思います。

そういった人は、教科書の1章を読んで理解し、次に2章を読んで理解し……という順序で勉強することになるわけですが、ここに落とし穴があります。そもそも、全体像を見ないと、ちゃんと理解することはできません。

どんなに頭がいい人でも、教科書の1章だけを読んで理解するのは極めて難しいことだと思います。大きな対象の一部を切り取っただけのものですから、それを見て何なのかを理解することなんてできるわけがないのです。

私は、料理と一緒だと思っていて、材料を1つだけポンと見せられて「これは何の料理でしょう」「どうやってつくるのでしょう」「なぜこの材料を入れるのでしょう」などと聞かれてもわかるはずがありません。

しかし、料理の工程から最終的な完成までひと通り見たうえでなら、この料理をつくるためにこの材料がなぜ必要なのか、どのように味や見た目に影響するのか、どのように調理すればおいしくなるのか……といったことが理解できます。

暗記すれば自然と理解できる

勉強でも材料の1つでしかない教科書の1章だけを見て理解しようとしても難しいわけです。理解しながら進んでいく勉強法は効率が悪く、うまく進まないのでおもしろくないものになってしまうでしょう。

なので、**勉強において教科書の1周目は「理解は不要」**だと断言します。では、何をすればいいのかというと、**できるだけ暗記しながら勉強を進めてほしい**のです。

暗記さえしておけば、理解せずとも勉強を進めていくうちに「前の章で暗記したことはこうつながるのか」「暗記したことの意味がわかった」といったように自然と理解できるようになっていきます。

ですから、**「勉強は100%暗記で理解は不要」**というのが私が個人的に編み出した勉強法のメソッドです。理解しなくていいというわけではなく、暗記しながら勉強すれば、勝手に理解できるようになっていくという理屈です。

伏線は置いていけ

伏線で立ち止まらず、前に進め

教科書や参考書は、基本的に次の章を理解するための章が前に置いてあります。数学なら、まず足し算の概念を把握しないと、掛け算が出てきてもわからないのと同じで、次に学ぶことを理解できるようになるための伏線が張られているわけです。

こうした**伏線をすべて拾い、ちゃんと理解してから次に進もうとする人がいますが、伏線をすべて拾っていくのはまず不可能**です。

なぜなら、とりあえず最後まで勉強を進めて、全体を理解することで初めて「こういう意味だったのか」とわかるような伏線が多々あるからです。

これはアニメや漫画、ゲームなどと一緒です。

長いストーリーの中に謎めいた伏線がたくさんちりばめられている作品がありますが、それをすべて拾っていくことはまずできません。そもそも、物語が完結しないとわからないようになっている伏線もありますし、大半の人は理解できない伏線があっても「そのうちわかるだろう」と考え、そのまま物語を楽しんでいることでしょう。

例えば漫画の『進撃の巨人』で、巨人の正体がなんなのか理解できず、答えがわかるまで読み進めないという人はまずいないはずです。考えてもわかるはずがないので、そこで立ち止まってしまってはまったく物語が進みません。

ですから、勉強もアニメや漫画などと同じように、**もしわからない伏線があったとしても頭の片隅に疑問として置いておく程度**にして、そのまま暗記だけを意識して最後まで進めていったほうがいいのです。

伏線の意味がわからなくて、「私がバカだからなのかな……」と思いつつ進めていき、やがて「あの伏線はこういうことだったのか！」と理解できるようになるのが、勉強の一番楽しいところでもあります。アニメや漫画などでも、伏線がつながった瞬間が最も気持ちいいですが、それと同じことです。

なので、アニメや漫画などと同様に、勉強もとにかく進めていったら、基本的に伏線は勝手に回収されていくのです。

まじめな人ほど伏線の罠にはまる

まじめなタイプの人ほど、伏線回収の罠《わな》にハマって勉強が停滞したり、時間を無駄にしてしまったりします。自分でいうのはどうかと思うのですが、私もかなりまじめなタイプで、かつ完璧主義なので、伏線を理解しないまま次に進むということに当初は気持ち悪さを感じていました。

伏線を理解しないと、次に学ぶことがわからないんじゃないかと思い、どうにか理解しようとして、そこで止まってしまったことがあったのです。

司法試験で刑事訴訟法の勉強をしているとき、参考書でわからない部分があって、かなり時間をかけて最終的に自分なりの解釈で理解したつもりになっていたのですが、最後まで進めたら、自分の解釈とまったく違っていたことがありました。

理解できなくてもそのまま最後まで進めていたら、簡単に答えがわかったわけですが、自分なりの間違った解釈のまま、関連する他のパートも勉強してしまったので、すべてやり直さないといけなくなりました。伏線を拾おうと必死になった結果、時間を無駄にしてしまったのです。

このとき、私は**「勉強って、最後までやって初めて、それまでの伏線がちゃんと理解できるものなんだ」**と気づきました。ですから、大学入試や資格取得の勉強をしようとしている人たちには**「最初は完璧主義になるな」**とお伝えしたいのです。

小学生に説明できますか？

自分の理解度がわかるバロメーター

勉強において、自分が「勉強の内容をどの程度理解できているのか」という指標を持つのは重要なことです。

まず勉強は理解を置いておいて、最初のうちは暗記を中心にどんどん進めていくべきですが、最終的には理解しなくてはなりません。

しかし、ひと言に「理解」といっても、どのくらい理解したらいいのかというのは難しいところです。なんとなく理解したつもりになっていても、いざ問題を解くとなったときにまったくわかっていなかったということはよくあります。

自分はちゃんと理解できているのか。その大きな指標になるのが「小学生に説明できるかどうか」なのです。

どんなに自分で理解したと感じていても、それを小学生にうまく説明できなかったら、ちゃんと理解できていないと私は思っています。

どうやって小学生に説明するか

では、大学受験や資格の勉強内容を小学生にどのように説明したらいいのでしょうか。当然、小学生に難しい言葉を使って説明しようとしてもわかってもらえません。

小学生に説明するためには、**全体的な仕組みをしっかり理解したうえで、教科書や参考書とは違った、自分の言葉でかみ砕いて伝える**必要があります。

小学生に説明するとなると、**難しい言葉を簡単な言葉に言い換えるだけでなく、どの順番で説明するのか**も重要になります。

もし「この科目は得意かも」と思ったとき、小学生に説明するシチュエーションを想像してみてください。どこから説明すればいいのか、どうやって説明したらいいのかといったことがわからないと感じたら、それは理解が足りないという指標になります。その場合は、今までの勉強を見直してみましょう。

勉強に限らずですが、難しいことを難しく説明するのはさほど苦労しません。その一方、誰にでもわかるように伝えるのはとても大変です。

ですから、**小学生でもわかるくらいにかみ砕いて説明できるようなら「完全に理解している」と考えていい**でしょう。

見ているだけでは覚えられない

「勉強したつもり」で終わっていないか？

勉強のやり方はいろいろありますが、よくあるのが机に教材を広げて、単語などを見ているだけというタイプです。

私は断言しますが、見ているだけで覚えることはできません。もしも、ただ見るだけですべて覚えることができるなら、大学入試や資格取得の試験で苦労することはありません。東大でもどこでも軽々と入れるでしょうし、そんな特殊能力があるなら国家のスパイにでもなったほうがいいでしょう。

ただ教材を見ているだけというのは、本人は勉強したつもりになっているのかもしれませんが、まったく効果的ではないのです。

例えば、外から帰ってきて「今日すれ違った車の台数」を思い出そうとしても、覚えている人はまずいないでしょう。しかし、すれ違った車は確実に目に入ってきているはずですから、このときに「見ているけれど覚えていない」という現象が起きているわけです。それと同じく、いくら教材を見て覚えようとしても、**ただ漫然と見ているだけでは記憶に残らない**のです。

よほど集中して見ていれば多少は覚えられるかもしれませんが、その方法ですべての勉強をこなすのは不可能ですから、現実的ではありません。

暗記の必勝法は「関連付け」

では、どうすれば記憶しやすくなるのでしょうか。その答えは、**視覚から入ってくる情報と、その他のさまざまな情報をつなげること**にあります。

ただ見るだけではなく、**耳から入ってくる言葉や音を活用**したり、**手を動かしたり**

といったことで工夫しながら、それらを**視覚から入ってくる情報と関連付ける**と格段に覚えやすくなるのです。

この「関連付け」は、暗記の必勝法ともいえます。勉強全般におけるカギといってもいいでしょう。効率のいい記憶法の肝の部分ですから、これを身につけているか否かによって、暗記がうまくいくかどうかが大きく変わってきます。

それでは、どのように暗記のための関連付けをしたらいいのか。この次の項目で具体的に説明していきます。

関連付けの簡単な方法

「辞書」を活用して関連付ける

暗記で最も大切なのは「関連付け」と説明しましたが、この項目では簡単にできる関連付けの方法を解説していきます。

まず1つ目の方法としては**「辞書の活用」**があります。私がやっていた具体例を挙げると、例えば世界史で出てくる単語を辞書で調べて、そこに出てくる説明文を覚えるようにしていました。**教科書の知識と辞書の説明文を関連付けて覚える**わけです。

辞書で「ティムール朝」を調べると、どこで何年に成立して何年に滅び、支配者は誰といったような感じで、要点だけまとめてくれています。教科書に出てくる知識を言い換えてくれているという面もあります。

そうやって、辞書を読んで単語に関連付けしやすい要点だけを拾って覚えるようにしていました。**「一問一答問題集」なども私は辞書みたいな感覚で使って**いて、単語を隠すのではなく、説明文を隠して暗記していました。

そして、**単語から要点などの情報をいかに連想できるのか**という、連想ゲームをやっていました。何かの言葉から単語を連想するのではなく、単語から説明文の情報を連想する訓練をしていたわけです。そうやって単語と説明文の関連付けを進めていくと、すべての論述が表現できるようになっていました。

辞書の活用はとても効果的で簡単な関連付けの方法ですから、私は世界史の勉強をするときに辞書を必ず横に置いていました。

英語でも辞書の活用は有効

この方法は英語でも使えます。例えば意味の説明から英単語を導くのではなく、**英単語から例文を導くといった勉強法**をやっていたのですが、辞書は基本的に単語の項目に例文が書いてあります。

英単語の意味だけを覚えていても意味がないので、**例文を丸ごと覚えて単語と関連付けていました。** 辞書の例文を覚えやすいように自分で変えて、勝手に恋愛の話にするといったこともしていました。そのほうが楽しくて、例文が記憶しやすくなりますから、そのベースとして**辞書の例文はとても重宝**しました。

暗記しやすいので、**「例文を自分でつくる」** ことはとても大切な作業です。

単語の意味にこだわる人がいますが、意味だけ知っていても英作文のときにあまり知識として使えません。また、日本語に訳した意味と、英語の中でその単語が出てきたときのニュアンスは異なることがありますから、そのまま結び付けられるものではありません。

例文ごと覚えておくと、例文のストーリーから「この単語はこういうイメージで使われる」ことがわかりやすくなりますから、英語の辞書は単語の意味よりも例文を重視して活用するべきです。

「場所」と関連付ける

2つ目の関連付けの方法は**「場所移動」**です。これは結構単純な話なのですが、例えば、友だちとの会話で「学校からの帰りの何時にあそこのバス停で話したじゃん」といった話になることがあると思います。**人の記憶は場所と関連付いている**ことが多々あり、「ここであれをした」「あそこであれをした」といったような形で覚えていることがよくあるのです。

この人間の特性を利用して、私は苦手な科目で暗記をしなければいけないときだけ、いつもと場所を変えて勉強していました。そうすると、暗記しているときはあまり効果を感じなかったとしても、いざ試験などの大事なときに**「これは、あの場所で暗記したたな。あのときは日が差していて……」**と当時の記憶が蘇《よみがえ》ってきて、その場所に関連付けて暗記したことを思い出しやすくなるのです。

私は勉強場所として、自宅と塾の2カ所の自習スペースがあったのですが、その他にも近所の図書館や公民館でもたまに勉強していました。

苦手な科目で暗記をするときは、ふだんはあまり使わない場所で勉強するのが効果的で、そうすると特別な記憶として残りやすくなります。場所を変えると暗記しやすくなるだけでなく、**気分転換にもなる**ので一石二鳥です。

また、歴史の勉強で同じ時代のことを覚えるときや、他の科目でも似たような内容の2つのことを暗記するときは、同じ場所で勉強すると記憶が混ざり合いやすくなってしまいます。しかし、個人的な体感としては、2つのことをそれぞれまったく別の場所で暗記すると、基本的に記憶が混ざってしまうことがなくなります。

嘘でもいいので、「自分の好きなもの」と関連付ける

暗記するときは「関連付け」が大事だとお伝えしましたが、その方法の一環として、**自分の好きなものと関連付ける手法**があります。歴史の単語を覚えるにしても、英語の例文などを暗記するにしても、**自分の好きなもの、なおかつストーリー性を持たせた知識と関連付ける**と覚えやすくなります。

しかし、その知識は本当のことじゃないといけないと思い込んでしまうと、自分の興味の持てるものにならない可能性があります。そこで真実性にこだわる意味はありませんから、関連付けのための知識は嘘で構いません。

嘘でもこじつけでもいいので、自分の中でストーリーなどをつくってしまって、**強引にでも関連付ける**と格段に覚えやすくなるのです。

例えば、英語の例文をつくるときに勝手に恋愛のストーリーにしてしまったりしていたと先述しましたが、これを好きなアニメの登場人物や推しの芸能人などに当てはめて、実際に付き合っているという設定や、事実がなくとも、自分好みのストーリーにしてしまったほうが覚えやすいのです。

想像や空想で構わないので、自分が興味の持てるような関連付けのストーリーをつくってしまいましょう。

暗記は「覚えてから進む」を徹底する

少しずつ記憶を追加する

勉強は、最初のうちは理解していなくてもどんどん進めていくべきだと先述しましたが、暗記についてはまったく逆の発想になります。

理解は「なんとなく」でいいのですが、**暗記は「なんとなく」ではいけません**。なぜなら、なんとなく暗記して教科書や参考書を何周もしたとしても、一度に入ってくる情報量が多すぎて、きっちり覚えることはできないからです。**暗記は「うろ覚え」ではほとんど意味がありません**。

よほどの記憶の天才でもない限り、いきなり大容量のデータを頭に詰め込もうとしても難しく、全体的に「なんとなく」で覚えるのは不可能といっていいと思います。

では、どうやったら覚えやすくなるのかというと、**少しずつ記憶を追加していくべき**です。ダンスの振り付けでもそうですが、1つの動きを完璧にしてから、それに徐々に動きを足していったほうが覚えやすいですよね。いきなり一曲丸ごとの振り付けを覚えようとしても、ほとんどの人は完璧にはできないでしょう。

それと同じことで、「八百屋さんゲーム」のように、**少しずつ記憶を積み重ねていったほうが覚えやすい**と私は考えています。

ですから、私は例えば10行覚えることがあったら、1行を完璧に覚えるまでは次の行に移らないようにしていました。

暗唱は、次に進むための「呪文」

暗記については、**ちゃんと覚えてから次に進むことを徹底**してほしいのです。しかし、暗記と同時に「理解」する必要はありません。

暗記は暗唱できたら「暗記した」といえますが、理解は暗記できたうえで中身について小学生にでも説明できるレベルになっている状態だと私は定義しています。

理解しないと次に進まないというのは、勉強の効率が悪くなりすぎますので、最初のうちはひとまず理解は「なんとなく」程度に留めておき、**暗記して暗唱できるレベルになったら次に進んでいい**というイメージでやっていきましょう。

この方法だと、暗唱できるようになるまでは次に行けませんから、覚えたことを暗唱するという行為を、次に進むための「呪文」と捉えるとおもしろいかもしれません。

五感活用記憶術

五感の記憶と関連付ける

五感とは、人間に備わっている視覚（見る）、聴覚（聴く）、味覚（味わう）、嗅覚（嗅ぐ）、触覚（皮膚で感じる）の5つの感覚のことです。

これは私の勉強法においてとても大事にしていた部分なのですが、五感をできるだけ活用していったほうが暗記しやすくなります。

勉強だと単に見るとか、ただ聞くとか、1つの感覚を使った学習法になりがちですが、それだけだとちょっとしたことで意識が他のところに向いてしまったりして、な

五感を活用して覚える

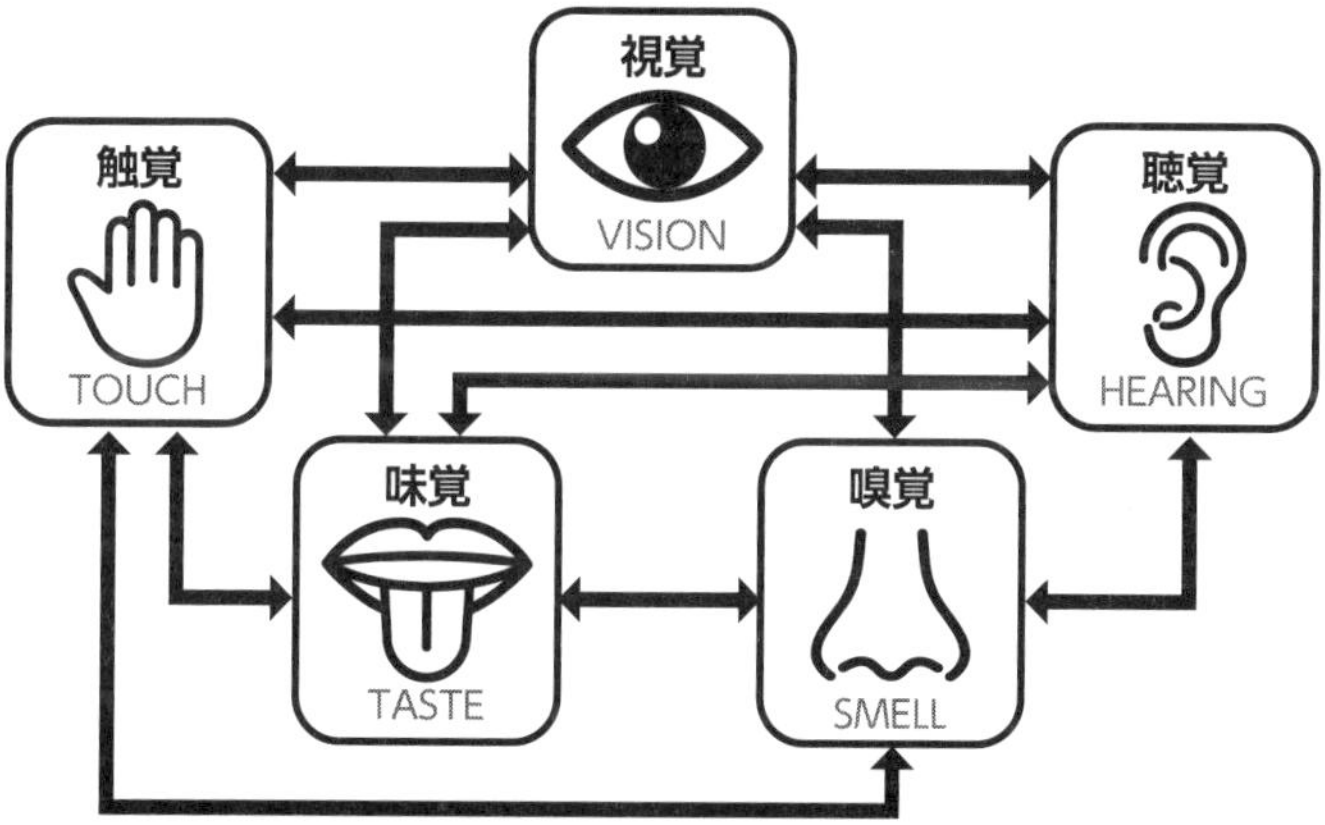

複数の感覚を組み合わせると、効率的に暗記できる!

かなか集中できないということがよくあります。

五感の活用法としては、例えば、暗記するときに目で覚えるべきものを見ながら音読して、口を使うことで触覚、音読を耳に入れることで聴覚を使うことができます。そうすることによって、**複数の感覚を使うとより意識を集中することができて、暗記がしやすくなります。**

味覚や嗅覚は使いづらいでしょうが、これも暗記している最中に飲んだものとか、勉強している場所のちょっとした匂いとか、そういったものと記憶を関連付けることができれば、勉強にプラスに働くことがあるでしょう。せっかく人間には5つの感覚があるのですから、できるだけ活用していきましょう。

「書いて覚える」ときの注意点

五感の活用にもつながる話なのですが、何かを覚えるときに「書いて覚える」という方法は効果的です。**視覚だけでなく触覚も刺激される**ことで、単に見て覚えるよりも覚えやすくなることがあります。

「書いて覚える」という方法は有効ですが、注意点としては、**線が引いてあるノートなどにすごく丁寧に書くといったやり方だと効果が低減**してしまいます。

なぜかというと、人間は丁寧に書こうとすると「きれいに書かないといけない」というところに意識が多少なりとも自然に向いてしまうため、暗記するための集中力がどうしても削がれてしまうからです。これでは脳が暗記するための最大限のパフォーマンスを発揮することができません。

ですから、私は書いて覚えようと思ったとき、**何かの裏紙に殴り書き**をしていました。裏紙ならノートと違ってラインも何もないので「きれいに書こう」という意識が生まれにくいですから、**暗記に集中することができます**。私としては、一見乱暴にも見える「裏紙に殴り書き」こそが、書いて覚える方法のうち最も効果的でおすすめです。

暗記の必須アイテム「ボールペン」

「書いて覚える」という暗記法の必需品がボールペンです。特別な物を用意する必要はなく、私は100円ショップなどで買ったボールペンを使っていました。

なぜシャープペンシルや鉛筆などではなく、ボールペンなのかというと、**インクが出なくなって使い終わった後に机の横のカゴに入れておいて、それが溜まってくると「これだけ私は勉強したんだ」という自信につながる**からです。

また、ボールペンはシャープペンシルと違って、芯がなくなって入れ替えるという作業がなく、**集中力が途切れることがありません**。引っかかりがなくスラスラ書けるという点でも、暗記に向いている筆記用具といえるでしょう。

ですから、私にとって書いて覚えるときの道具は**「裏紙」**と**「ボールペン」**がセットでした。使い終わったボールペンだけでなく、暗記に使った裏紙も1日程度溜めておくと、より勉強した感があって自信につながるでしょう。

覚えるまで書く回数については、1回書くだけで覚えることができれば1回でいいのですが、たった一度書いただけで暗記できる人はあまりいないと思います。私は、**3回くらいは絶対に書く**というイメージでやっていました。

ノートに書くとき、カラフルはNG

基本は黒1色

ノートをまとめるときに何色も使って色分けしている人は少なくないと思います。一見すると、きれいにまとめられているように見えなくもないのですが、カラフルすぎると逆にごちゃごちゃしてしまい、気が散ってしまいます。

私はノートをカラフルにすることで**色味によって脳が変に刺激され、集中力が削がれてしまう**ような気がしたので、基本的にボールペンは黒だけを使っていました。

カラフルにすると、いちいち「これは青色にしよう、あれは黄色にしよう」といったように、ノートに書き込むたびに**色の使い分けを気にしてしまい、それだけ勉強に**

ノートはカラフルにしない

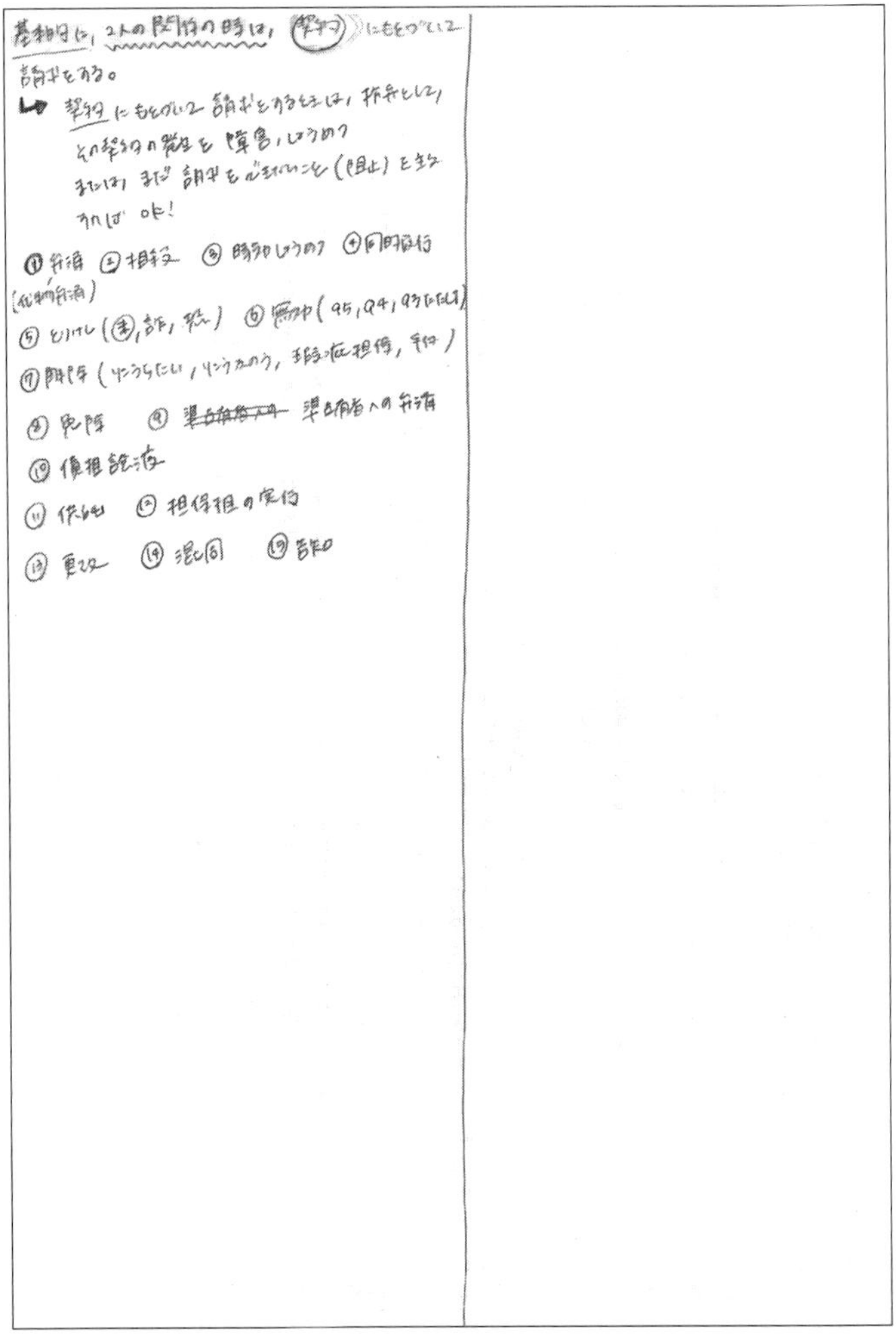

ノートに書き込むときは、基本的に1色で OK。カラフルにすると逆にわかりにくくなるので注意が必要。

向ける集中力が減ってしまいます。

色分けするなら2色まで

ノートをカラフルにしている人の中には、10種類くらい色分けしている人たちがいますが、かえって見づらくなってしまううえに、色の使い分けをしているだけで一定の時間を浪費してしまいます。

もし色分けするのであれば、**通常は黒、大事な部分は赤**といったように、2色までにしておくのが妥当でしょう。それならノートが見づらくなるようなことはなく、集中できますから、**暗記には2色が向いている**と思います。

お絵描き記憶術

文字のみの記憶の限界をビジュアルでカバーする

視覚を使った「見て覚える」という暗記の場合、文字だけではうまくいかないことがあります。文字と視覚は相性があまりよくなく、文字だけ見てすべてを暗記しようとするには限界があります。

そこで活用してほしいのが、**視覚と相性のいい「絵」です。**

私がやっていた具体例としては、例えば司法試験の勉強で裁判のフローを覚えようとするときは、ただ文字を追って暗記しようとするのではなく、棒人間のような簡単な絵を描いて裁判の流れを説明するというようなことをやっていました。

声に出して説明しながら、そういった絵を描いて暗記するのです。そうすると、**ビジュアルとして記憶されるので、感覚的に覚えやすくなります。**

挿絵のある小説が読みやすいように、絵があると勉強そのものも文字だけのときよりも楽しくなりますし、理解も進みやすくなります。

これは、漫画やイラストのようなものだけに限らず、グラフやマップなどの図でも構いません。

要は、単なる文字情報でなくビジュアルで記憶することで、暗記をしやすくさせることが大切なのです。

簡単なイラストや図解を描く

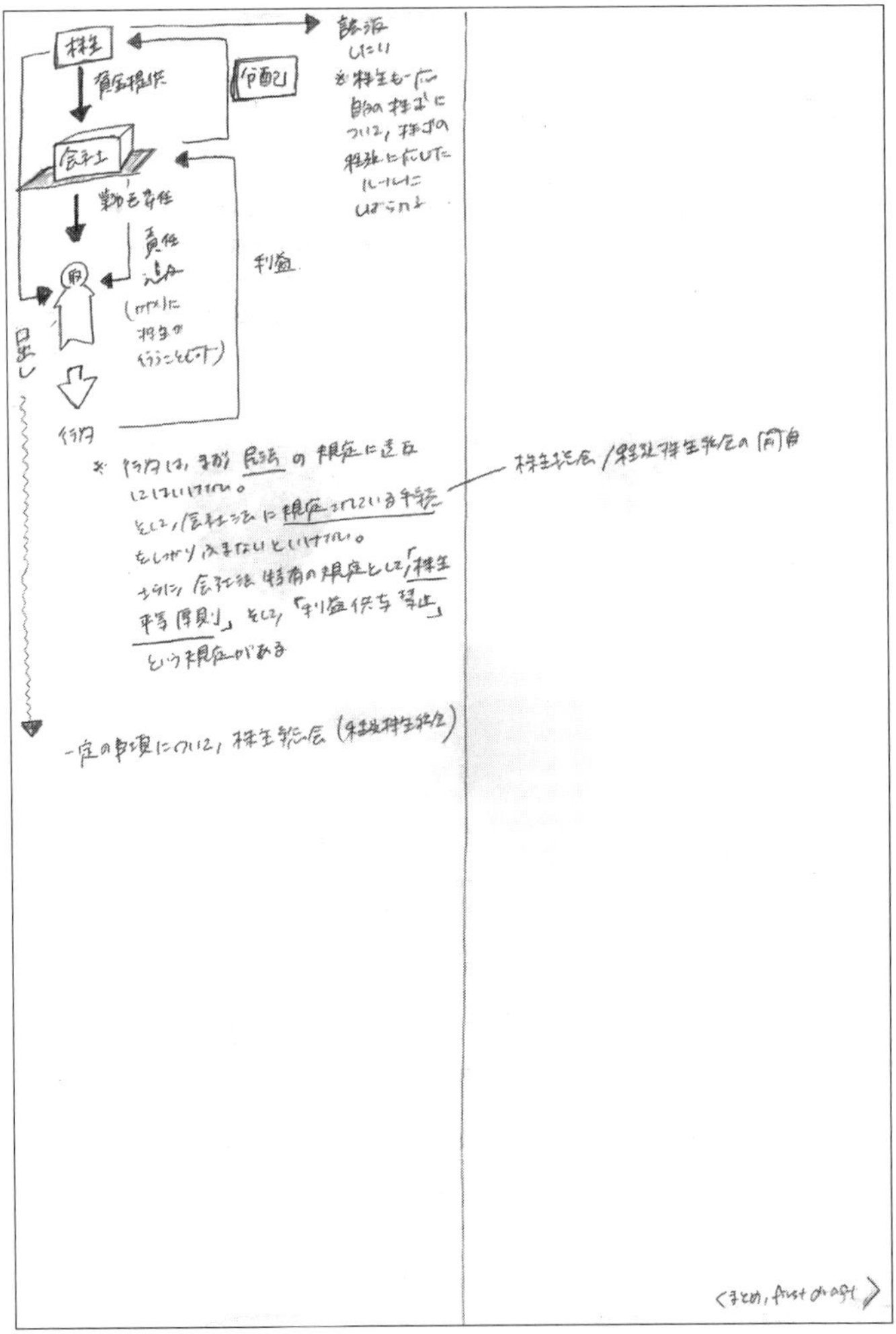

イラストを描くことで文字だけよりも覚えやすくなる。

単語帳はつくるな

「点」で覚えるのではなく、「面」で覚える

「単語帳をつくる」という行為は、英語の勉強で効果的だと思われています。確かに、英単語と日本語の意味が直結されるという部分では、ある程度役に立つかもしれませんが、それが試験においても役に立つかといわれると、正直なところ肯定はできません。

なぜかというと、**単語帳は「点」で覚えるような勉強法**になってしまい、全体像の中での位置づけや、具体的な単語の使い方、文章になったときの意味などといった**「面」の部分が見えづらくなってしまう**からです。

単語帳をつくる作業もすごく時間がかかりますし、つくるのが大変だから**「つくったただけでやったつもりになってしまう」**という弊害もあります。ですから、私としては「単語帳はつくるな」と断言させていただきます。

どうしても単語帳をつくりたいのであれば、全体像を理解したうえで電車移動のスキマ時間などに、**苦手で暗記できなかったような部分をカバーするために利用するといった使い方であればいい**と思います。

しかし、単語帳をつくってそれだけでマスターしようという思考は、面の部分が見えなくなり、点でしか覚えられなくなるので、絶対に捨てるべきです。

一流の作詞家になってみよう

脳科学が証明する、歌で覚える効用

暗記が苦手だと思っている人でも、流行っている歌の歌詞だと覚えられることがあります。最近のJ‐POPはトリッキーな歌詞の曲も多いですが、意外とみんなすぐに覚えてカラオケで歌ったりしています。得意ではない外国語の曲でも、歌だと覚えられるという人も結構います。

これには理由があるようで、**脳科学的に、リズムに乗って何かをやっているときはすんなりと頭に入ってきやすい**のだそうです。

私が受験生だったとき、あまりストーリー性のないものは関連付けが難しいので覚えづらく、地理で米の生産量ランキングを覚えなければいけないのにまったく頭に入ってこないということがありました。

そういった場合の解決法として、私は**自分の好きな歌のリズムに合わせ、歌いながら覚える**ようにしていました。受験から7～8年経った今でも、それで暗記したことはしっかり覚えているので、かなり効果的だったといえます。

暗記が難しいものがあったら、作詞家になったつもりで好きな曲に暗記するべき文章を歌詞として乗せ、リズムを取りながら覚えるという方法はおすすめです。一度騙《だま》されたと思ってやってみてください。

寝ながら覚える「夢の中勉強法」

夜に暗記できないときの切り札

寝ているうちに勉強できていたら……。普通に考えるとかなり無理なことをいってるように思えますが、あながち不可能ではありません。

受験勉強をしていると、**前日にどうしても覚えられなかったことが、翌朝になるとしっかり頭に入っていたということが少なからずあります。**

私の実体験として、とりわけ寝る直前に勉強していたことほど、翌朝になるとなぜか全部覚えていたという経験が多かったのです。

私が受験生だったときは、夜はどうしても集中できず、勉強しても覚えられないという日が多かったので、不安になっていました。

そこで、**覚えたいことをベッドの中で何回も読みながらそのまま寝る**という方法を取っていたのですが、そうすると、次の朝に思いのほか暗記できていることがありました。おそらく、**寝ている間も脳は働いていて、頭の中で無意識的に整理されて記憶されるのではないか**と考えています。

ですから、夜の勉強でどうしても覚えられないからと徹夜して、ペースを崩すようなことになってしまうよりも、寝る直前や布団の中で何度も読み返して「寝ながら覚える」という「夢の中勉強法」を活用したほうが効率的といえるでしょう。

覚えられないところは、とにかく「見える化」

「セルフリマインド」で接触回数を増やす

勉強で覚えられない箇所があって、あとで覚え直そうと思っていたのに「どこが覚えられなかったのかを忘れてしまった」ということが意外とあるものです。これでは覚え直そうとしてもお手上げですし、思い出すために教科書や参考書に当たっていたらかなりの時間を浪費してしまいます。

私はこうした問題の対処法として、ある程度暗記が終わって、この単語だけとか、この年号だけどうしても覚えられないといったときは、**手の甲などにボールペンで覚えられないものを書き込んでいました。**そうして、何かやるごとに手の甲をチラッと目に入れて意識するようにしていたのです。

覚えられないところの量が少し多いときは、**勉強机の前に覚えたいことをリストアップして貼り付け**、勉強がひと段落するごとに目に入るようにしました。**トイレに覚えられないことを書いた紙を貼り付ける**方法でもいいでしょう。

セルフリマインドという意味で、こうして覚えられないところを「見える化」するという方法は有効です。**接触頻度を増やす**ことで、覚えられないところを自覚し、克服しやすい環境をつくり出すことができます。

前日覚えたことは、翌朝に絶対復習

暗記したことを定着させる秘策

いくらしっかり暗記したつもりになっていても、その翌日にまったく暗記したことに触れずにいると、かなりの確率で忘れてしまいます。

それではせっかく暗記するために時間を割いて必死にがんばっても、その努力は残念ながら水の泡になってしまいます。受験生にとって時間は本当に貴重なものですから、こういったロスはできるだけ避けたいところです。

暗記したことを忘れずに記憶を定着させるためには、前日に暗記したことを翌日の朝に復習することが大切です。「ここまで暗記した」となったら、**次の日の朝に必ず**

丸々同じところを復習し、それから次のところに移るべきです。

そうやって一度戻って復習しないと、どんどん忘れていってしまいます。単純に忘れたことで努力が無駄になるだけでなく、前日に覚えたことを忘れてしまうと、次のところで前の章との関連性が見えづらくなり、勉強の効率も落ちます。

ですから、たとえ暗記がうまくいって「絶対に忘れない」と思えるほど完璧に覚えたつもりになったとしても、それで満足してしまわずに、翌日に暗記したところを復習するということを絶対に徹底してください。

復習のタイミングは朝がベスト

復習のタイミングは、重要度が高いパートであれば、脳のパフォーマンスが高まっている**朝のゴールデンタイムにやってもいい**でしょう。

そうでなければ、時間帯にどうしてもこだわらなければいけないというわけではありません。しかし、**次のパートの暗記に入る前に、前日に暗記したことを復習する**という流れにするとスムーズなので、その場合は必然的に1日のうちの早い時間帯、おそらく学校へ行く前の朝の勉強タイム内になるのではないかと思います。

先述したように、**私たちの脳は寝る前にやっていたことを眠っている最中に整理してくれています**。試験の前日に一夜漬けで勉強して、翌日に見直して本番の臨むと意外と健闘できるというのも、こうした脳の仕組みと関係していると思えます。

そういう意味でも、暗記した翌日の朝のタイミングで復習し、それから次のパートの暗記に進むのがベストでしょう。

持ち歩く参考書は1つに決める

できる限り、選択の迷いをなくす

外出先や通学途中に勉強したいとき、参考書を複数持っていると「このパートをやろうかな」「こっちもやってみようかな」といった感じで迷いが生じてしまい、中途半端になってしまいやすいのです。そもそも参考書には、自分にとってやりやすいものとやりにくいものがあり、複数持っているとそういったことも迷いにつながります。

そうならないためには、**1科目につき持ち歩く参考書は1冊ずつ**にすること。そうすることで迷いをなくすことができます。

さらにいえば、電車移動のスキマ時間のようなシチュエーションであれば、勉強する科目も1つに絞ったほうがいいでしょう。

複数の科目の参考書を持っていると、「今日はどれをやろうかな」と悩んでいるうちに結構時間が経っていた、なんてことになりかねません。そんな生産性のない時間があったら、暗記に充てたほうがいいはずです。

ですから、移動中に勉強する予定があったら、事前に勉強する科目と持ち歩く参考書を決めたほうがいいでしょう。

参考書や科目を絞って**「ここではこれを集中して勉強するんだ」**というマインドに持っていくほうが、効率がいいと考えられます。

一発合格者がやっている「付箋」活用術

情報追加、補足の必須アイテム

暗記するときは、基本的に教科書を見ながらやると思いますが、このときに活躍してくれるのが「付箋」です。

内容を補足する情報を書き込んだり、**重要で難しいワードが出てきたらメモ**しておいたり、**大きめの付箋に地図を描いたり**して、**教科書や参考書に貼り付ける**ことで暗記の大きな手助けになります。

そうやって付箋で情報量を増やせば、基本的に教科書さえ見れば大事なことはすべて書いてあるという状態になりますから、いろいろな参考書や問題集を引っかき回したりといった手間もかからなくなります。

付箋は通常のものだけでなく、折りたためるものなどもありますので、文房具屋さんなどで使いやすそうなものを選びましょう。

付箋はとても便利ですが、よくありがちな**「覚えてないことをとりあえずメモしておく」という使い方はNG**です。最初のうちにそれをしてしまうと、教科書や参考書が付箋だらけになり、かえって使いづらくなってしまうからです。

覚えていないことをメモするのであれば、教科書・参考書を少なくとも1周以上してある程度暗記したうえで、「どうしても覚えられない」ことだけを書き込むようにしましょう。

エピソード記憶の効力

単語やビジュアル以上の効果

暗記法の核である「関連付け」についてもう少し詳しく解説したいと思います。

脳科学的に見ると、**人間は単語などの記憶よりも、エピソードの記憶のほうが残りやすい**といわれています。勉強でいくら必死に世界史の単語を覚えても数年経ったらほとんど忘れてしまいますが、昔の思い出は細かいところまでしっかり覚えているという人は多いのではないでしょうか。

「エピソードのほうが人間は記憶しやすい」という、脳科学的な人間の仕組みを勉強に活用しようというのが「関連付け」なのです。

歴史は「なぜそうなったのか」という詳しい文献が残っていない場合、教科書の中では「なぜかは不明だけれど、こうなりました」という状態で書いてあることがあります。これだとストーリー性がないので暗記しづらくなります。

これを覚えやすくするため、私は**「こういう理由でそうなったんじゃないか」と勝手に想像して物語をつくって覚えていました。**

そうやって無理やりにでも、**エピソード記憶の効力を活用した「関連付け」**をすると格段に覚えやすくなります。

これは、人間にとって本質的に再現性が高く、誰でも活用できる記憶術だと思いますので、ぜひ「関連付け」をマスターしてください。

「覚える↓解く」の繰り返し

暗記を深めるには「解く」こと

勉強において暗記はとても重要ですが、ただ暗記さえすればいいというわけではありません。何かを暗記したのであれば、**暗記したことに基づいた問題をやってみて、それを解くことで理解や暗記が深まります。**

ですから、暗記とそれに基づいた問題を解くという行為はセットだと考えてください。「覚えて解く」は試験勉強における基本であり、王道中の王道だと思いますが、だからこそ絶対に外せないものです。

「暗記」と「問題を解く」をワンセットにして、それを繰り返す!

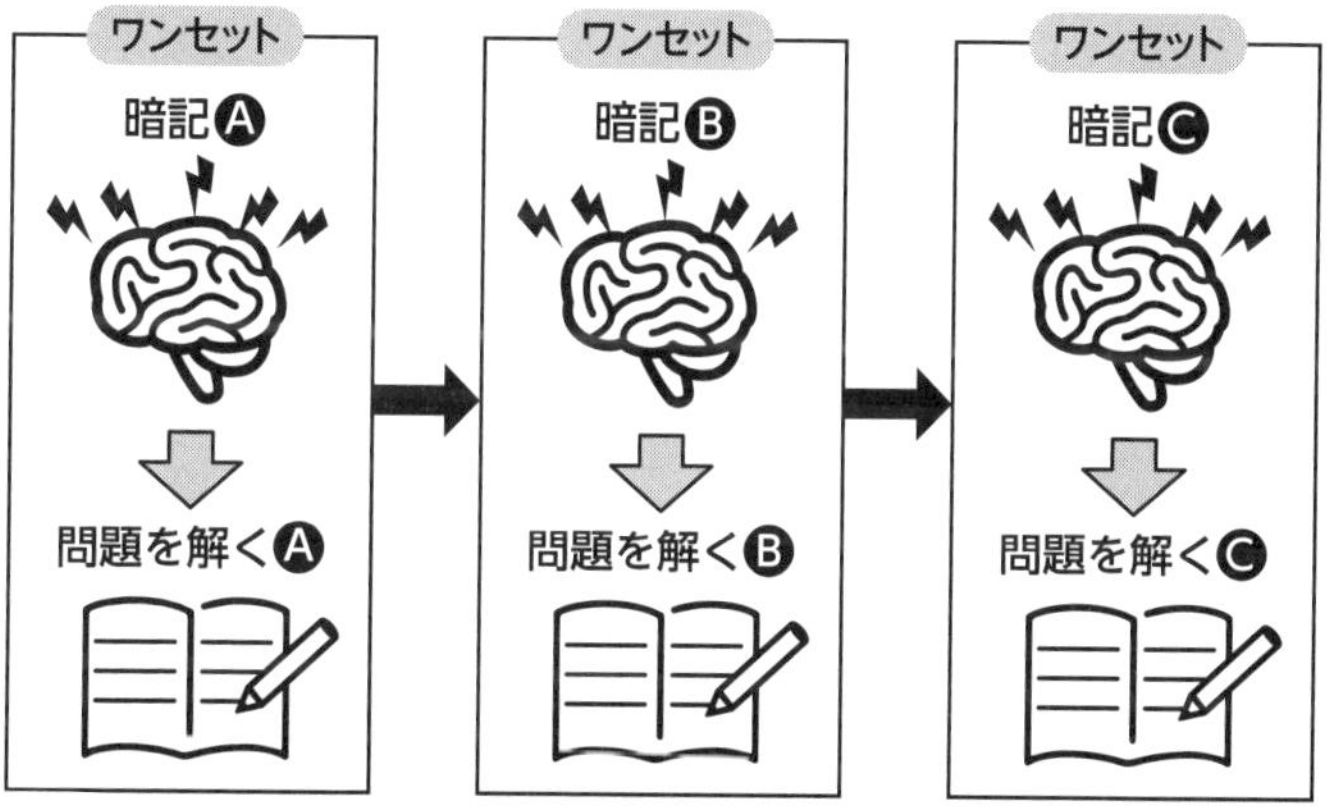

「覚えて解く」は試験勉強の王道!

「とりあえず暗記したから、次の暗記をやろう」

「ここは暗記したから、もう大丈夫だ」

という考え方は危険です。

時間が経ったら忘れてしまったり、暗記しても理解が浅すぎて本番で使えなかったりといった事態になりかねません。

暗記したことに基づいた問題を解くこと自体が、記憶の定着に役立つこともあります。問題になるとストーリー性が生まれることがありますから、それが記憶しやすさにつながっていくのです。

もし解答を間違えた場合でも、それはそれで物語性があって記憶に残りやすくなります。ある意味、問題を解くことは「関連付け」の一種ともいえます。

おわりに——これから受験を迎えるあなたへ

理想的な志望校の数

これまで大学入試や資格試験に合格するための方法を解説してきましたが、最後に受験生に向けて、私の実体験を基にしたアドバイスをさせてください。

最初に多くの受験生がつまずくのは、**志望校の選び方**です。これはあくまで私の選び方なのですが、**志望校は少なすぎるのも多すぎるのもよくない**という考え方が根本にあります。

極端な例ではありますが、受験生の中には「東大しか行くつもりがない」「東大一本で行きます」という人がいます。逆に、不安になりすぎて「願書を12校分くらい出した」という人たちも私のまわりにいました。

願書をたくさん出した人たちは、志望校ごとの対策をするだけでも大変ですから、それがあまりうまくいかなかったのか、ことごとく落ちていました。たくさん出しすぎると、受験本番の2カ月くらい前から慌ただしくなりすぎて、十分な準備ができなくなるのだと思います。インプットが完全に終わっていればいいのでしょうが、そうでないと志望校をある程度絞った人に比べて対策が手薄になってしまいます。

また、東大一本に決めた人は、試験で緊張してしまったようで、結果はよくないという印象を受けました。模試と入試本番はまったく違いますから、一発勝負だと本番の空気に慣れることができず、実力が出せなくなる恐れがあります。ですから、他の大学の試験を受けず、東大だけに絞って合格を狙うというのはリスキーです。

私のおすすめとしては、**志望校は3〜4つがベスト**だと思っています。

1つは本命の第1志望、あとの3つはある程度は行きたいという気持ちがあって、なおかつ「簡単には合格できなさそう」と思えるところがいいでしょう。

簡単すぎるところを受けてしまうと、周囲がプレッシャーでピリピリしている中で「自分も緊張しながら試験を受ける」という貴重な経験ができないにもかかわらず、大切な試験直前期に多くの時間を浪費することになってしまいます。先述した「東大一本」のケースもそうですが、この重圧の経験があるとないとでは、本命の入試で発揮できる力が変わってくるでしょう。

あと、志望校の選び方に関しては、どこに行きたいかの希望が明確にあればそこを第1志望に据えるべきですし、もし明確にはなかったとしても、何かなりたい職業があるのであれば、その職業を構成している出身大学の比率を調べると、ある程度は絞れてきます。

同じくらい行きたい大学が複数あって迷っているのであれば、**過去問を確認して、出題傾向と自分の相性などを見ながら決めるのも有効な手**です。

私の合格体験記――志望校決め

具体的な参考になればと思い、私の合格体験をお伝えします。

私は、早稲田大学の国際教養学部、法学部、政治経済学部と東大の計4つを受けました。

それぞれ自分の中では受けた理由があるのですが、最初に、ここは受けておきたいなと思って決めたのは早稲田の国際教養学部でした。自分の中では「試験慣れできるうえに、ある程度ピリピリできるような緊張感も持てる」という意味で、最初に持ってきました。私は英語が得意だったので、「ここは絶対に受からなきゃいけない」というプレッシャーを持つことができ、なおかつ人気の学部なので競争率が高くまわりがピリついていますから、緊張感を持って臨むことができました。

その次に同じ早稲田の法学部と政治経済学部を受けたのですが、法学部は単純に「行ってみたいので、受かればうれしい」というような、かなり軽い気持ちで受けました。政治経済学部は、もし東大に落ちたら政治経済コースに進もうと思っていたので、受かりたいという気持ちが強かったのです。

私の合格体験記――試験対策と反省点

試験対策としては、東大は過去問をみっちりやって熱心に勉強していたのですが、早稲田の法学部に関しては過去問をまったく見ていません。法学部は「行けたらいいな」くらいの軽いイメージだったので、完全に手を抜いていました。

国際教養学部については、ひと通りの過去問は見ました。ただそれほどみっちりと解いたというわけではなく、特に世界史はさらっと程度でどれくらいの難易度なのかをチェックしただけでした。英語に関しては2年分くらいの過去問を解きました。

政治経済学部は、前日にちゃんと時間配分なども決めてから行くくらいの温度感で臨みました。というあたりが、私の受験体験です。

受験勉強をするにあたっての私の反省点も、失敗しないための反面教師としてもらうために繰り返しとなりますが、記しておきます。

当時の私は、暗記にまだ苦手意識がありました。最後のほうではある程度克服はできていましたが、今にして振り返ってみると、結構な直前期まで「ちゃんと理解するまでどうしても次に進みたくない」という意識が強く、それが最大の問題点だったと思います。

例えば、世界史の暗記をある程度やってから、期間を置いて再開するとしたら、普通は以前に暗記したところの次から始めると思うのですが、まだちゃんと理解していないという気持ちがあり、最初の古代オリエントのところから再び始めてしまっていました。必ず最初からやりたくなってしまうのです。

私はそのせいで大学受験時の成績の伸びが落ちたという感覚が強くあり、これが大きな弱点になってしまっていたと自覚しています。

ですから、もうちょっと気楽に、理解しきれていなくとも、とりあえず進めるというところに重点を置けばよかったなと反省しています。

もちろん、ちゃんと内容を理解することは学問において大切なのですが、受験生だった私にとって最も大事なのは「試験に合格すること」です。そういう意味では、完璧主義が足を引っ張る結果になってしまいました。

このときの反省があったおかげもあり、司法試験を受けるときは機械的に安定して暗記を進められて、かなり短期間で合格レベルに達することができました。

この本を読んでいる方には、同じ失敗をせずに「最初のうちは理解しきれていなくとも、とにかく暗記を進める」という方法で効率的に試験勉強をしてほしいと思います。

最後に伝えたいこと

ただでさえ、受験はとても苦しくて大変なものです。

みんな必死に努力するわけですが、間違った方向に努力してしまうと、たとえ勉強の天才であろうと、試験に受かることはできません。試験に受かりたいのであれば、効率的な勉強のやり方をきちんと確立し、合格するということに特化した勉強をするべきです。

この本に書いたように、最初に過去問に取り組み、逆算的に合格のためにはどんな努力や能力が必要なのかを把握し、それに向けて勉強をしていくという方法であれば、効率的に合格ラインまで自分のレベルを引き上げることができるはずです。

おそらく、試験のライバルたちの中には、間違った方向にがむしゃらに努力してしまっている人たちも多くいることでしょう。仮に現時点で彼らのほうが学力が上だとしても、ちゃんと正しい道筋をつくって、効率的な学習をしていけば、彼らに追いつくことはもちろん、追い越すこともさほど難しくありません。

この本は、大学を受験する人たちだけでなく、資格試験を受ける人にも有用な暗記法などをまとめました。ですから、大学受験が終わった後も活用できると思います。

この本が効率的な勉強の方向性を学ぶための教科書になり、あなたのポテンシャルを最大限に引き出すための助けになれば幸いです。

あなたの合格を心から願っております。

2025年1月

越水　遥

【著者プロフィール】
越水 遥（こしみず・はるか）
弁護士。越水法律事務所代表。
1998年生まれ。東京大学法学部卒。中学1年生で英検1級を取得し、高校3年生でTOEIC満点の990点、駿台模試で英語全国1位（偏差値94）を獲得。2017年、東京大学文科一類学部に現役合格。その後、東大成績優秀者として表彰される。東京大学在学中に司法試験に合格し、大学卒業後は、大手法律事務所にて主に企業のトラブル等に対応する弁護士として活動。現在は独立して法律事務所を運営し、少しでも法律が身近なものに、そして弁護士が親しみやすい存在になるよう弁護士という職業の実態を広めたいと思い活動している。今回、東大＆司法試験に現役一発合格できた背後にある、オリジナル勉強法「逆算式勉強法」を体系化し、そのノウハウを完全公開したのが本書である。あらゆる試験勉強に対するモットーは「天才にはなれなくても、試験の天才にはなれる」。

最短で最高の結果が出る
逆算式勉強法

2025年1月23日　初版発行
2025年2月17日　2刷発行

著　者　越水　遥
発行者　太田　宏
発行所　フォレスト出版株式会社
〒162-0824 東京都新宿区揚場町2-18　白宝ビル7F
電話　03-5229-5750（営業）
　　　03-5229-5757（編集）
URL　http://www.forestpub.co.jp

印刷・製本　日経印刷株式会社

ISBN978-4-86680-307-4　Printed in Japan

最短で最高の結果が出る
逆算式勉強法

読者の方に無料
特別プレゼント

絶対合格するために
知って得するミニ知識

（PDF ファイル）

著者・越水 遥さんより

紙面の都合でどうしても掲載できなかった、あらゆる試験に通用する未公開原稿を読者特典としてご用意いたしました。「成功者に共通する睡眠時間と起きる時間帯」など、知って得するミニ情報を解説した、本書の読者限定の貴重な特典です。ぜひダウンロードして本書と併せてご活用ください。

特別プレゼントはこちらから無料ダウンロードできます↓

http://frstp.jp/gyakusan

※特別プレゼントは Web 上で公開するものであり、小冊子・DVD などをお送りするものではありません。

※上記無料プレゼントのご提供は予告なく終了となる場合がございます。あらかじめご了承ください。